该书的出版得到了国家自然科学基金面上项目《中国农业地理集聚的生产率效率及其增进路径研究——基于转变农业发展方式视角》（项目批准号：71473153）的出版资助。

# 基于竞争力视角的
## 中小企业资本结构调整研究

梁春梅◇著

中国社会科学出版社

图书在版编目（CIP）数据

基于竞争力视角的中小企业资本结构调整研究／梁春梅著．—北京：
中国社会科学出版社，2016.12
ISBN 978 - 7 - 5161 - 9254 - 2

Ⅰ．①基… Ⅱ．①梁… Ⅲ．①中小企业—资本结构—结构调整—
研究—中国 Ⅳ．①F279.243

中国版本图书馆 CIP 数据核字（2016）第 266512 号

出 版 人 赵剑英
选题策划 刘 艳
责任编辑 刘 艳
责任校对 陈 晨
责任印制 戴 宽

出 版 中国社会科学出版社
社 址 北京鼓楼西大街甲 158 号
邮 编 100720
网 址 http://www.csspw.cn
发 行 部 010 - 84083685
门 市 部 010 - 84029450
经 销 新华书店及其他书店

印 刷 北京君升印刷有限公司
装 订 廊坊市广阳区广增装订厂
版 次 2016 年 12 月第 1 版
印 次 2016 年 12 月第 1 次印刷

开 本 710×1000 1/16
印 张 13.25
插 页 2
字 数 203 千字
定 价 49.00 元

# 目 录

# 图表目录

# 第一章 导论

## 第一节 研究背景及研究意义

中小企业在发达国家、发展中国家等经济体的经济社会发展中占据着重要地位，发挥着不可替代的作用。中小企业是"美国经济的脊梁"，是"欧盟经济的核心力量"，是"日韩经济的发动机"。在中国，改革开放以来，中小企业日益成为促进国民经济和社会发展的中坚力量，成为推动经济市场化、工业化、信息化、城镇化和农业现代化的基本动力，成为转变经济发展方式、调整经济结构的重要主体，不仅在增加税收、吸纳就业、便民利民方面发挥着重要的作用，而且在推动"大众创新、万众创业"，"以创业带就业"活跃经济等方面也发挥着举足轻重的作用。进入 21 世纪以来，知识经济和科技革命正在不断地影响着人类的生活方式和中小企业的结构变迁。一方面，消费者对中小企业产品个性化、多变化需求的追求，促进了拥有洞察力的细分市场、利基市场的发展；另一方面，中小企业发展的网络化、虚拟化，改变了中小企业组织、生产、销售、融资及管理的方式，为中小企业的持续快速发展提供了广阔的生存和发展空间。2011年以来，中小企业每年的数量、国内生产总值、提供的城镇就业岗位、上缴利税、发明的专利数和新产品开发数量连续几年占全国企业的比重基本保持不变，其中各个指标的比例分别达到了 99%、60%、80%、50%、65% 和 80% 左右。林毅夫等（2001）对我国独立核算的工业大、中、小型企业对经济增长的贡献率进行了研究，研究结果表明，中小企业对经济增长的贡献率大于大型企业；中小企业对经济增长贡献较大的地区，也是经济增长较快的地区。这说明，中小企业贡献率与地区经济增长率之间有着高度的相关性。

自 2003 年 1 月国家实施《中小企业促进法》以来，我国已经逐步形成了从法律、法规到配套文件的三层次中小企业发展政策法规框架。在具体政策方面，包括非公经济发展、经济财税政策扶持、金融信贷、科技创新、创业就业、服务体系、市场开拓七个方面。2009 年国际金融危机后，政府对中小企业的发展给予了高度重视，并成立了国务院副总理挂帅，工业和信息化部、国家工商行政管理总局、中华全国工商业联合会、农业部、商务部、财政部、国家税务总局、中国人民银行及中国银行业监督管理委员会九大部门共同协作的"促进中小企业发展工作领导小组"。中国人民银行发布的《金融机构贷款投向统计报告》（2011 年、2012 年、2013 年、2014 年）中的统计数据显示，2011—2014 年末，主要金融机构及小型农村金融机构、外资银行人民币小微企业贷款余额分别为 21.77 万亿元、11.58 万亿元、13.21 万亿元、15.46 万亿元，总体上呈下降趋势，但近三年来又呈小幅上升趋势。中华全国工商业联合会 2011—2013 年的调查统计数据显示，在规模以下的小企业中，90% 的小企业没有与金融机构发生任何借贷关系，在小微企业中，95% 的小微企业没有与金融机构发生任何借贷关系。中小企业为社会创造的价值与其获得的金融资源相比，明显不匹配。显然，各级政府以及金融机构为解决中小企业融资问题所做出的大量努力，并没有明显缓解中小企业融资困难的问题，从而影响到了中小企业融资结构的选择和企业资本结构的调整。

国内外学者关于中小企业融资结构、资本结构的研究主要集中于以下几个方面：一是以中小企业的特性为研究基点，重点探讨中小企业的融资渠道与创新、融资成本与收益、融资结构与效率；二是以逆向选择和道德风险理论为基础，从中小企业与金融机构之间的关系出发，研究信息不对称情况下的信贷配给、金融产品创新、抵押担保及产业链融资等；三是以银行等金融机构为研究视角，创新金融机构与中小企业贷款相适应的小额信贷技术和信用分析及风险管理手段，创设担保基金、保付代理、融资租赁等中小企业融资工具；四是从金融环境的角度出发，重点探讨金融机构结构、金融制度对中小企业融资的影响，涉及的研究内容主要有优化金融结构，创新金融制度，建设征信体系，放松金融管制，提升融资效率等方面。另外，利率市场化，降低银行的准入门槛以促进竞争，减少公共部门对金融市场的直接干预等，也是众多学者关注的重点。

对于缺乏竞争力的中小企业来说，即使有再好的金融产品、信贷技术、金融制度，它们的信贷需求也难以得到全面满足，它们的信贷可获得性很低。因此，提升中小企业的竞争能力才是解决中小企业融资难、优化融资结构和资本结构的根本所在。中小企业的竞争力与其资本结构密切相关，通常情况下，企业组织理论的研究都将资本结构视为外生变量，仅研究利润最大化目标下产品市场的竞争策略。而金融理论将产品市场视为外生变量，不考虑产品市场竞争对企业融资决策的影响，两种理论都无法单独解释现实中中小企业的融资行为和资本结构的调整、优化。

企业资本结构与产品市场竞争的关系研究在20世纪80年代以后得到了学者的广泛关注。他们研究了资本结构、短期债务、长期债务、债务期限结构、企业现金流的持有量等与产品市场竞争中的市场份额、价格策略、投资能力、资产专用性、产业特性、产品决策等行为和绩效之间的关系。但是，这些研究大都建立在古典经济学的假设条件之下，将企业视为同质化的"黑箱"，且研究对象主要集中于上市公司，针对中小企业的研究成果较少。对山东省中小企业的走访调查发现，不同行业中小企业的资产负债率差异较大，即使是同处一个产业集群中的具有相同竞争力的两家中小企业，其资本结构也大不相同，两家中小企业在商业信用、融资意愿及融资渠道等方面的差异也很大。因此，除了中小企业的特征、行业类型、制度及宏观经济等因素之外，需要关注的问题还有：中小企业的竞争力与资本结构的调整、优化之间是否存在关系；中小企业的竞争力对其资本结构的调整会产生怎样的影响；打开竞争力的来源之箱，不同竞争力的来源对企业资本结构的决策会产生何种影响；中小企业在面对具有较高交易成本的融资市场、遭受较强融资约束的情况下，如何有效地配置资源以调整其资本结构。这些问题归结为一点即是：基于竞争力视角的中小企业资本结构调整。这正是本书的研究主题。

从竞争力视角对中小企业资本结构的调整进行系统而又细致的研究，对于准确把握和认识中小企业融资难问题形成、日益严峻的客观规律，丰富和拓展企业资本结构理论，完善中小企业资本结构的理论基础和分析框架，具有重要的理论价值；研究结论以及据此提出的政策建议，对于制定和调整中小企业的融资政策，具有重要的实践指导价值和现实意义。

## 第二节　相关概念界定

### 一　中小企业的定义及其划分标准

中小企业是一个相对的概念，是指在中国境内依法设立的有利于满足社会需要、增加就业，符合国家产业政策，生产经营规模属于中小型的各种所有制和各种形式的企业。中小企业的划分主要采用规模标准，因而，对规模的理解和界定，是划分中小企业类型的关键。各个国家划分大、中、小、微等企业类型的重要目的是为处于不同规模的企业制定相应的法律、法规和政策。在每个国家或者同一国家的不同经济发展阶段，其经济发展水平、人口规模、劳动生产率及产业重点等都具有较大差异，对处于不同规模的企业存在不同的认知和理解，因而，国家对不同规模的企业的发展政策、指导意见就存在较大不同。再之，中小企业在推动大众创新、万众创业、活跃经济、吸纳就业、增加税收等方面在各个国家都起着举足轻重的作用，因而，准确地界定中小企业和明确扶持政策的适用范围就显得尤为重要。

尽管各个国家对中小企业没有统一的界定标准和划分标准，但是，各国都采用定性与定量两种指标对中小企业进行界定。定性指标主要从性质上反映中小企业生产经营的运行特征，例如，美国1953年修订并颁布的《中小企业条例》对中小企业的概念作出了详细的界定：小企业是投资人独立所有并自主经营，且在其经营的行业中处于补充地位的经营单位。在中小企业的经营范围和领域中，大企业往往无法发挥其规模经济，无法在竞争中排挤中小企业的存在，且中小企业能够获得正常的经营利润。因此，中小企业的定性指标一般包括企业所有权和经营权的归属及企业在所处行业中的地位。采用定性指标对中小企业进行界定，很难对中小企业的归属问题作出明确的把握。因而，采取"以定量指标为主，以定性指标为辅"的方法对中小企业进行界定，是各国的通行做法。定量指标主要包括反映经营水平的销售收入和反映要素投入量的雇员数量两个方面。表1—1选取了一些代表性行业对中国（2011）和美国（2012）中小企业划分标准进行了对比分析。

表1—1　　　　　　　中国和美国中小企业分行业划分标准

| | 中国中小企业标准（2011）① | | 美国小企业标准（2012）② | |
|---|---|---|---|---|
| | 销售收入（百万元） | 员工数量（人） | 销售收入（百万美元） | 员工数量（人） |
| 农、林、牧、渔业 | 微型企业：<0.50<br>小型企业：0.50—5<br>中型企业：5—200 | — | 大多数子行业为0.75以下，其中，森林和伐木为11以下，渔业为20.5以下 | — |
| 工业 | 微型企业：<3<br>小型企业：3—20<br>中型企业：20—400 | <20<br>20—300<br>>300 | 水供应及灌溉系统：<27.5<br>污水处理设施：<20.5<br>蒸汽与空调供应：<15 | 大部分制造业为500人，最大值为1000人 |
| 建筑业 | 微型企业：<3<br>小型企业：3—60<br>中型企业：60—800 | — | <36.5 | — |
| 批发业 | 微型企业：<10<br>小型企业：10—50<br>中型企业：50—400 | <5<br>5—20<br>>20 | — | <100 |
| 零售业 | 微型企业：<1<br>小型企业：1—5<br>中型企业：5—200 | <10<br>10—50<br>50—300 | <7.5—38.5 | 只有2个子行业少于1500人 |

---

①　2011年6月，工业和信息化部、国家统计局、国家发展和改革委员会、财政部联合颁布了《中小企业划型标准规定》。

②　详见 *Table of Small Business Size Standard*（2012）。

续表

| | 中国中小企业标准（2011） | | 美国小企业标准（2012） | |
|---|---|---|---|---|
| | 销售收入<br>（百万元） | 员工数量<br>（人） | 销售收入<br>（百万美元） | 员工数量<br>（人） |
| 交通运输业 | 微型企业：<2<br>小型企业：2—30<br>中型企业：30—300 | <20<br>20—300<br>300—1000 | 干线<15；旅游运输<7.5；<br>空运<32.5；海运<38.5 | 空客<1500<br>水运<500 |

注：2011年的《中小企业划型标准规定》首次根据企业从业人员、营业收入、资产总额等指标，并结合行业特点将中小企业划分为中型企业、小型企业、微型企业三种类型。在中小企业划型中增加微型企业，有利于各级政府出台针对微型企业的扶持优惠政策，更好地为小微企业服务。2012年，美国的小企业划型标准只针对小企业，且对小企业所在行业中的细分子行业制定了详细的划分标准，在实际操作上更具有现实指导意义。

为了规范小企业的会计确认、计量和报告行为，财政部于2011年10月18日出台了《小企业会计准则》，并要求相关小企业自2013年1月1日起执行，鼓励提前执行。2012年3月16日，山东省财政局、中小企业局（办）、国税局、地税局、工商局、银监局联合下发了《关于贯彻实施〈小企业会计准则〉的指导意见》，对省内中小企业进行培训部署。因此，本书研究的中小企业是指符合《中小企业划型标准规定》，且在2013年1月份之前已经实施了《小企业会计准则》的中小企业。

## 二 资本结构

### （一）资本结构的定义

学术界对企业资本结构的界定存在两种不同的视角。一种视角是从企业全部资金来源的角度来界定，认为企业资本结构是指企业不同资金来源的构成及比例关系，包括不同负债（长期负债和短期负债）之间、不同权益（内部股权和外部股权）之间，以及不同负债与不同权益之间的比例关系，即债权期限结构、股权结构、债务与股权资本的比例结构，这是广义的资本结构。另一种视角是仅从企业的长期债务资本的角度来界定，认为企业资本结构是指债务资本与股权资本之间的比例关系，资本结构与企业的长期发展经营有关，这是狭义的资本结构。由此可知，区分广义的资本结构与狭义的资本结构的关键在于对短期债务的理解和短期债务对企业资本结构决策目标的影响。企业资本结构决策是财务决策的重要组成部分，其目标是通过债权与股权的合理配置实现企业价值最大化，企业的价值等于企业股权价值与企业短期债务、长期债务的加总。

与大型企业相比，中小企业的生存年限比较短，且在其债务组合中，以短期债务为主，长期债务为辅；中小企业因其规模小、缺乏相应的抵押物，在信贷配给制度下普遍存在信贷约束，因而，无论是在贷款的可获取性方面，还是在已获得贷款的利率方面都处于市场劣势地位。广义的资本结构考虑短期负债、长期负债与股权之间的比例关系，其中，短期负债不仅包括来自金融中介的融资，还包括因商业信用的利用产生的负债；狭义的资本结构仅考虑长期负债资本与股权资本之间的关系。由此，相较于狭义的资本结构，广义的资本结构更能真正反映中小企业资本结构的本质。本书采用广义资本结构的概念。

（二）融资结构、资本结构与最优资本结构

国内外学者在研究企业的融资结构、资本结构或最优资本结构时，时常将融资结构与资本结构的概念同一化（Schwatrz，1963；张维迎，1995；肖作平，2004），认为融资结构就是资本结构。林伟（2006）对融资结构与资本结构之间的关系进行了详细的解释说明。他认为，融资结构是一种流量结构，而资本结构是一种存量结构。融资结构是企业在一定时期内各种不同来源资金的构成及其比例关系，但从本质上来看，融资结构不是企业在一定时期内形成的，而是指企业为获取资源或者能力而进行单项投资时的不同来源资金的结构，是一个时点概念。企业融资资金按其来源可分为内源融资和外源融资，其中，内源融资包括内部权益（如留存收益、折旧、内部募股等）和内部债务（如职工借贷、股东或者业主借贷等）；外源融资包括债券融资、上市融资、民间借贷、商业信用、国家专项基金等直接融资，银行贷款及其他非银行金融机构贷款等间接融资。按资金性质，企业融资资金可分为职工借贷、股东或者业主借贷、债券融资、银行贷款等债务融资，内部、外部增资扩股等股权融资。融资资金来源不同，资本成本也就不同，因而，企业不同的融资来源及其比例关系导致不同的融资结构，也就是说，资本成本决定融资结构。而资本结构是指一定时期内企业融资结构累积效应的结果，且影响企业未来的融资结构，即融资结构决定资本结构，资本结构反过来也影响企业的融资结构的选择。由此可知，企业资本结构的调整是通过多次融资结构的选择来实现的融资成本最小化、资本结构最优化、企业价值最大化的决策行为（见图1—1）。

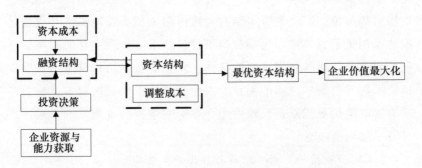

**图1—1　融资结构、资本结构与最优资本结构的关系**

# 第三节　研究对象及数据来源

## 一　研究对象

本书以山东省2012年已经实施《小企业会计准则》的农村中小企业为研究对象。原因如下：（1）中小企业在世界各国的经济发展中都起着举足轻重的作用，特别是在中国推进城镇化建设的背景下，农村中小企业是承接转移剩余劳动力、提升农民工劳动技能、增加农民收入、促进农村产业结构调整及带动农村经济发展的重要力量，关乎农业强、农村美、农民富新战略的实现。（2）学术界对企业资本结构的研究已然丰富，但目前的研究多集中于上市公司的研究，专门针对非上市的农村中小企业的研究还比较少。（3）中小企业的持续发展与其竞争力的培育密切相关,从竞争力来源的视角剖析企业资本结构的调整,有利于发现影响中小企业价值最大化实现的途径,为政策出台提供建议。(4)2011年10月,财政部出台《小企业会计准则》以规范企业的财务行为,山东省中小企业局响应国家"鼓励企业提前实施准则"的号召,于2012年初对山东省内的中小企业进行了部署。于是,2012年底已经实施《小企业会计准则》的中小企业,其财务制度相对比较健全,在一定程度上能够保证数据的真实性。

### 二 数据来源

本书研究所使用的数据,既有反映产业结构竞争力的行业数据,又有来自中小企业的微观数据。行业数据主要来自《中国经济与社会发展统计数据库》①、《中国统计年鉴》和行业协会的统计数据。中小企业微观数据主要来自对山东省济南市、莱芜市、日照市、泰安市、威海市、潍坊市、烟台市、淄博市、滨州市、德州市、菏泽市、东营市、枣庄市13个地区的农村中小企业的问卷调查,还包括来自聊城高唐县木质素行业中小企业的实地调查及访谈。

## 第四节 研究思路、内容及研究方法

### 一 研究思路

首先,本书以竞争力的组织结构理论、资源/能力理论为出发点,梳理资本结构调整的相关理论,分析企业竞争力通过影响资本要素市场流动和企业战略选择、治理结构及企业主和企业制度能力等竞争力要素,影响企业的长期盈利能力、交易费用和营运效率,从而进一步影响企业资本结构的调整,并构建基于竞争力视角的资本结构调整的作用机理模型。其次,基于调查问卷数据,深入分析中小企业资本结构的现状,并建立资本结构的部分动态调整模型,以实证分析竞争力

---

① 《中国经济与社会发展统计数据库》由中国知网开发,收录了我国连续出版的统计年鉴,包括国民经济核算、人口及人力资源、人民生活与物价等17个领域和行业的统计资料。

的三个不同来源对资本结构调整的影响。再次，以某一个中小企业为例，深入分析中小企业所在产业的竞争强度，并分析现有竞争者、供应商、顾客、替代品和潜在进入者的力量对案例中小企业资本结构的影响；分析企业所拥有的各种资源的专用资产特质，及其对企业资本结构调整的影响；分析企业主和企业制度等能力竞争力对企业资本结构的影响。最后，得出本书的研究结论和研究展望，并从竞争力视角提出优化企业资本结构的政策建议。

## 二　研究内容

按照"提出问题⇨文献综述⇨理论基础⇨理论分析⇨统计分析与实证检验⇨案例研究⇨政策建议"的逻辑思路（见图1—2），本书具体的研究内容分五大部分、八章的框架展开，每一部分、每一章的主要内容如下。

第一部分导论，也即提出研究问题。主要内容有研究背景及意义，中小企业、资本结构、融资结构等相关概念的界定，研究思路、内容及其逻辑框架，研究的数据来源、研究方法以及可能的创新点。

第二部分也即第二章是文献综述。对国内外关于中小企业资本结构选择的影响因素、资产专用性与资本结构选择、产品市场结构与资本结构选择的相关研究文献进行全面而又细致的梳理，并作扼要述评。

第三部分是理论基础和理论模型构建，包括第三章和第四章。第三章是竞争力视角下资本结构调整的相关理论基础，主要梳理和介绍了与资本结构调整相关的竞争力理论。首先，从竞争力的内涵出发，分析竞争力的评价体系，提炼出研究企业资本结构调整的理论逻辑起点。其次，对竞争力产品/投入市场相互作用的资本结构理论、基于企业性质的企业竞争力与资本结构调整理论进行细致梳理，并分析竞争力不同来源与企业资本结构调整的理论逻辑。最后，对M—M资本结构理论、信号传递理论和优序融资理论等资本结构理论进行溯源，归纳分析代理成本理论和资本结构的权衡理论，揭示相关理论在中小企业资本结构决策中的适用性。第四章是竞争力视角下资本结构

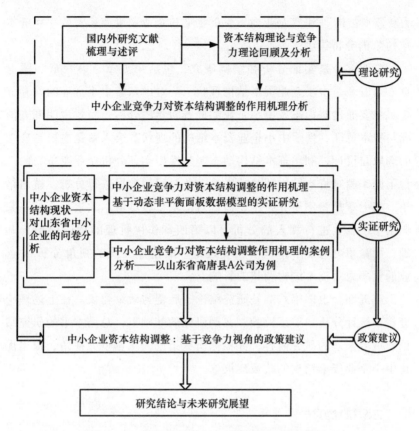

图1—2　本书研究内容、逻辑脉络及框架体系

的作用机理。首先，从研究假设和竞争力性质的角度，分析企业竞争力对资本结构调整的理论解释。其次，以组织结构理论和资源/能力基础理论为依据，分别构建企业竞争力的三个不同来源，即结构竞争力、资源竞争力、能力竞争力与资本结构调整之间关系的理论模型。最后，提出本书的综合理论分析模型。结构竞争力部分主要是分析影响企业结构竞争强度的五种力量，如何决定产业的长期盈利能力并进一步影响企业资本结构决策的机理，即"结构竞争力⇨资本要素流动⇨投资能力、偿债能力和自由现金流⇨资本结构"的分析框架；资源竞争力主要来自企业的具有专用性的资产，提出"专用性资产⇨可挤占租金、交易成本、索取权/控制权⇨治理结构⇨交易规制⇨竞争

力⇨资本结构"和"企业能力⇨企业主和企业制度⇨运营效率⇨资本结构"的分析模型。

第四部分是实证分析和案例研究，包括第五章、第六章和第七章。第五章是中小企业资本结构现状——对山东省中小企业的问卷分析。主要通过对山东省中小企业的调查问卷的分析，简要说明调查情况与样本特征，揭示中小企业资本结构的现状。第六章是主要是变量的选取与设计，利用资本结构动态调整模型实证分析企业竞争力的三种不同来源对资本结构调整的影响，并对回归数据进行分析，得出结论。第七章是案例研究，主要通过对山东省聊城市木质素行业的一家典型中小企业进行深入的分析，以第四章作用机理的理论模型为基础，用竞争力与资本结构的相关理论，从企业发展的视角分析 A 企业的竞争力对资本结构调整的影响。

第五部分也即第八章是研究结论、展望与政策建议。在上述理论分析、统计分析、实证检验、案例研究的基础上，总结本书的研究结论，展望未来的研究内容，并根据研究结论，从竞争力视角，提出优化中小企业资本结构的政策建议。

### 三　研究方法

1. 文献梳理、理论研究的方法

在梳理国内外关于中小企业资本结构选择的影响因素、资产专用性、企业产品市场竞争力与资本结构关系的研究文献基础上，厘清相关文献的研究脉络，明确研究假设、研究思路、相关结论及可能的研究展望，选择合适的理论基础，构建应用于研究"中小企业竞争力与资本结构调整"的理论模型和分析框架。

2. 理论分析与实证分析相结合的方法

运用所构建的竞争力与资本结构的作用机理理论模型和分析框架，对中小企业竞争力的不同来源与资本结构之间的关系进行全面系统的理论剖析，在文献梳理和理论研究的基础上，运用一般统计方法对中小企业的资本结构现状进行描述统计分析，运用资本结构部分动态调整的计量经济模型对竞争力与资本结构的关系进行实证分析，以确保整个研究逻辑脉络清晰，研究理论依据充分，研究结果具有说服力。

3. 调查问卷及其统计分析、案例分析方法

应用统计学中的样本抽样理论与方法，设计针对山东省中小企业竞争力、资本结构相关问题的调查问卷，选择样本地区进行实地调查，收集相关资料，尤其是具有典型意义的案例资料，并进行案例分析。

# 第五节　本书的创新之处

1. 把竞争力纳入资本结构研究的分析框架中，丰富了企业资本结构的理论研究。在以往资本结构与竞争力的研究中，基本上是局限于资本结构与产品市场竞争的研究，或者单独研究企业的资产专用性或者研究行业、经营管理者的特征对资本结构调整的影响，而本书打开企业竞争力的"黑箱"，从企业的结构竞争力、资源竞争力和能力竞争力的角度出发，分别建构竞争力三种不同来源与资本结构调整理论模型，综合分析企业竞争力对资本结构调整的影响，为企业资本结构决策提供了理论支撑。

2. 本书不仅从理论模型上分析竞争力与资本结构之间的互动关系，而且还结合山东省中小企业的调查数据、中国经济与社会统计数据、中国统计年鉴数据，运用资本结构部分动态调整的计量经济模型对竞争力与资本结构之间的关系进行实证检验。

3. 本书以农村中小企业作为研究对象，构建了基于竞争力来源的企业竞争力评价体系，其中，中小企业的能力竞争力主要来自企业主和企业制度，并运用企业主的个人信息和量表打分法为代理变量对企业能力竞争力予以衡量。并且本书以培育企业竞争力为落脚点，厘清竞争力与资本结构调整、企业价值最大化的理论逻辑关系，得出中小企业的政策制定必须满足导致资本结构调整和企业价值最大化的竞争力培育与开发的结论。

# 第二章　文献综述

中小企业资本结构调整是一个不断动态变化的过程，即包括资本结构调整决策的做出、具体资本结构水平的选择、资本结构的优化。影响中小企业资本结构选择的因素与大企业大致相同，但也存在其特殊性。国内外学者大多认为，中小企业资本结构的选择主要受到企业特征、行业特征、公司战略、制度环境及宏观环境等因素的影响，同时，中小企业资本结构的选择还是一个随着企业内外部环境变化不断动态调整的过程。因此，本书从影响企业资本结构选择的主要因素、影响企业资本结构优化的主要因素这两个方面对相关研究文献进行细致梳理。

## 第一节　关于中小企业资本结构调整影响因素的研究

### 一　关于中小企业资本结构选择影响因素的研究

与大企业相比，中小企业的规模普遍偏小，股权相对比较集中，由于中小企业面临较高的破产风险，其平均经营年限也相对较短。从中小企业的特征来看，影响中小企业战略选择、财务资金需求状况的主要因素包括中小企业的资产构成情况、资产流动性的快慢、成长性程度、盈利能力的大小等。同时，中小企业运营透明度低，避税动机强，所以，税率和非债务税盾对中小企业资本结构选择的影响程度较小。此外，中小企业所处行业的特征和发展状况对中小企业资本结构的选择也有显著影响。

（一）中小企业的企业特征

从影响中小企业资本结构选择的企业特征来看，国内外学者认为，影响中小企业资本结构选择的企业特征因素主要包括企业规模（Hutchinson et al. , 1998；Barbosa and Moraes，2003；Bhaird and Lucey，2010；李炳金，2010）、经营年限（Hutchinson et al. , 1998；Mateev et al. , 2011；周月书和褚保金，2009）、资产结构（Hall et al. , 2000；Gregory et al. , 2005；Mateev et al. , 2011）、盈利能力（Hutchinson et al. , 1998；Jordan，1998；Hall et al. , 2000；Daskaladis and Psillaki，2008；杨楠，2014）、增长机会（Hall et al. , 2000；Barbosa and Moraes，2003；Nguyen et al. , 2006）、成长性（Chittenden et al. , 1996；Mateev et al. , 2011；崔学刚和杨艳艳，2008；李炳金，2010）、现金流（Jordan，1998）、非债务性税盾（Jordan，1998；Michaelas et al. , 1999；李炳金，2010）、抵押品（崔学刚和杨艳艳，2008）以及实际税率（Mateev et al. , 2011；陈晓红和黎璞，2004）等因素。贝茨（Bates，1971）是较早将规模因素纳入资本结构选择的学者之一。他发现，与大公司相比，小公司更倾向于采用内源融资，并且保持较低的流动性和较低的杠杆率，在外部融资方面，小公司更倾向于采用银行贷款和商业信贷。此后，学者将其他企业特征因素引入到模型，研究影响中小企业资本结构选择的因素。从表2—1中可以看出，大部分国外学者的研究结果表明，与中小企业资本结构呈现正向相关关系的主要因素包括中小企业规模、资产结构、增长机会、资产抵押和质押情况等。中小企业的规模越大，拥有的固定资产比例越高，未来增长的机会越大，资产的抵押或者担保性越强，中小企业的负债水平也就越高；与中小企业资本结构选择呈现负向相关关系的主要因素包括中小企业的经营年限和盈利能力等；而中小企业的成长性、非债务税盾、税率与资本结构选择的相关关系没有形成一致的结论。这一情况可能是以下几个原因造成的：一是不同学者采用的理论模型不同；二是在理论模型中选择变量的代理变量存在差异；三是在实证分析时，学者选择的数据来源存在较大差异。

表 2—1　　　中小企业资本结构选择影响因素的代表性研究（企业特征）

| 作者（年份） | 企业特征 | | | | | | | | | | |
|---|---|---|---|---|---|---|---|---|---|---|---|
| | 企业规模 | 经营年限 | 资产结构 | 治理结构 | 盈利能力 | 增长机会 | 成长性 | 现金流 | 非债务性税盾 | 所得税率 | 抵押担保 |
| Hutchinson et al.（1998） | P | N | — | — | N | 1 | — | — | — | — | 1 |
| Chittenden et al.（1996） | — | — | — | — | N | — | P | — | — | — | — |
| Jordan（1998） | P | — | — | — | P | — | 0 | N | N | — | — |
| Michaelas et al.（1999） | 1 | — | 1 | — | 1 | — | 1 | — | — | P | 0 |
| Hall et al.（2000） | +L | N | +L/−S | — | — | −S | +S | — | — | +L | 1 |
| Lopez-Gracia and Aybar-Arias（2000） | 1 | — | — | — | — | — | — | — | — | — | — |
| Scherr and Hulburt（2001） | — | — | — | — | 1 | 1 | — | — | — | 0 | — |
| Barbosa and Moraes（2003） | P | — | N | — | N | P | — | — | — | — | — |
| Hutchinson（2003） | N | −S | N | — | −S | U | — | — | — | — | — |
| Cassar and Holmes（2003） | P | — | — | — | N | — | P | — | N | — | — |
| Gregory et al.（2005） | P | — | P | — | N | P | — | — | N | — | — |
| Francisco（2005） | P | — | P | — | N | — | — | — | N | — | — |
| Nguyen et al.（2006） | P | — | — | — | 0 | — | — | — | — | — | — |
| Bhaird and Lucey（2010） | 1 | 1 | — | 1 | — | — | — | — | — | — | 1 |
| Daskaladis and Psillaki（2008） | P | — | + | — | N | — | N | — | — | — | — |
| Mateev et al.（2011） | P | N | +L/−S | — | N | — | N | — | — | P | — |
| 陈晓红、黎璞（2004） | 0 | — | — | — | N | — | — | — | — | P | — |
| 赵旭等（2005） | P | — | — | — | N | — | — | — | — | — | 1 |
| 朱海霞（2007） | P | — | — | — | N | — | — | — | N | — | U |
| 杨娟（2008） | P | — | — | — | N | — | — | — | — | 0 | 0 |
| 崔学刚、杨艳艳（2008） | P | — | — | — | N | N | — | — | N | — | P |
| 周月书、褚保金（2009） | P | P | 0 | — | P | — | — | — | — | — | — |
| 李炳金（2010） | P | — | — | 0 | N | N | — | — | — | 0 | P |
| 杨楠（2014） | P | — | — | — | N | P | — | — | 0 | — | P |

注：表格中的 1 表示有关系（有的行业正相关，有的行业负相关），0 表示没有关系，U 表示关系不确定；P 表示正相关，N 表示负相关；+L 表示与长期负债正相关，−L 表示与长期负债负相关；+S 表示与短期负债正相关，−S 表示与短期负债负相关。

资料来源：作者整理。

从表 2—1 中可以看出，国内学者对中小企业资本结构与企业特征之间关系研究开展得相对较晚，并且大部分学者是基于上市公司中小企业数据，沿用国外学者的研究思路进行的实证研究。赵旭和凌传荣（2005）、崔学刚和杨艳艳（2008）、曹长阳和杨亦民（2009）、周月书和杨军（2009）、杨楠（2014）、李炳金（2010）、郭丽红（2011）等学者认为，中国中小企业的规模、资产抵押情况或者质押情况、盈利能力、成长性是影响其资本结构选择的重要因素，企业规模、资产抵押性或担保性与中小企业资本结构呈正相关关系。中小企业的盈利能力和成长性与资本结构的相关性不确定。大部分国内学者的研究结果都表明，中小企业的盈利能力越强，企业的负债水平越低，中小企业的盈利能力与资本结构负相关。但是，周月书、褚保金（2009）基于江苏省吴江市和常熟市中小企业问卷调查数据的统计分析发现，中小企业的盈利能力与资本结构选择之间呈现正向相关的密切关系。李庚寅、阳玲（2010）对中小企业板中小企业上市前后数据的比较分析也发现，上市前后中小企业的盈利能力与资本结构都呈现正相关的关系。杨娟（2008）、崔学刚和杨艳艳（2008）认为企业的成长性与中小企业资本结构的关系显著且呈负相关关系，李炳金（2010）、杨楠（2014）却得出了相反的研究结论。此外，中小企业的资产结构（周月书和褚保金，2009）、治理结构（李炳金，2010）、偿债能力（杨楠，2014）对中国中小企业资本结构的选择具有显著相关关系。

（二）中小企业所处的行业特征

从影响中小企业资本结构的行业因素看，中小企业资本结构的选择与其所属行业密切相关。虽然不同行业面临相同的政治、经济环境，但时，由于不同行业在国家政策、技术条件（Maksimovic and Zechner, 1991；Rosellon, 2000）、竞争状况（Porter, 1980）、资产结构和资产专用性程度（Shleifer and Vishny, 1992；Cushing and Mc-Carty, 1996；Oriz-Molina and Phillips, 2012）、经营风险（Schwartz, 1959；Ferri and Jones, 1979；Titman, 1984）、税收和破产成本（DeAngelo and Masulis, 1980）等方面存在着显著差异，不同行业的

中小企业的投资需求、投资规模、投资领域等也就不同，所以，行业属性、特征及其发展状况是影响中小企业资本结构选择的重要因素。

同时，行业因素对中小企业资本结构选择所产生影响的实证研究也得到充分验证。施瓦茨和阿伦森（Schwartz and Aronson，1967）、斯科特（Scott，1977）、鲍恩等（Bowen et al.，1982）、布拉德利等（Bradley et al.，1984）、哈里斯和拉维（Harris and Raviv，1991）、马克西莫维奇等（Maksimovic et al.，1998）、López-Gracia 和 Aybar-Arias（2000）、Sumitra 和 Malabika（2007）等人的研究结果表明，同一行业内企业的资本结构具有趋同性和相对稳定性的特点。同一行业的企业资本结构具有随着时间不断向行业均值收敛的特性（Harris and Raviv，1991）。国内学者使用中国上市公司的数据对影响资本结构选择的行业因素进行了实证研究。余斌（2001）、陆正飞和辛宇（1998）、郭鹏飞和孙培源（2003）、赵根宏和王新峰（2004）、童光荣等（2005）、黄辉和王志华（2006）、姜付秀等（2008）、闵丹和韩立阳（2008）、杨广青和丁茜（2012）等从不同角度研究行业特征与资本结构的关系，相关研究结论一致认为，企业资本结构的选择在很大程度上受到了行业特征因素的重要影响，且企业资本结构随着行业不同存在显著性差异。

但是，也有学者的研究结果表明，企业资本结构与行业没有显著相关关系。雷默斯等（Remmers et al.，1974）对荷兰、挪威、美国、法国和日本五个国家的企业进行了对比分析，并得出企业的资本结构与行业关系不大的结论。国内学者洪锡熙和沈艺峰（2000）对 221家在上海证券交易所上市的工业类企业的研究得出类似的结论，认为行业对企业资本结构的选择没有显著影响。另外，还有部分学者的研究认为，影响企业资本结构选择的主要因素并不是行业。Balakrish-nan 和 Fox（1993）认为，影响中小企业资本结构选择的主要因素是企业特征，而不是行业。Mackay 和 Phillips（2005）对处于竞争行业中的 315 家企业进行研究发现，企业资本结构的差异仅有 13% 来自于行业的固定效应，而企业特征的固定效应对企业资本结构优化的影响最大，可达到 54% 的水平。乔丹等（Jordan et al.，1998）则认为中小企业的财务和战略因素比行业特征能更好地解释中小企业资本结构选择的行为。Amazan 等（2001）的研究结果表明，有些行业的企业资本结构趋于集中并且呈现一致化倾向，也有些行业的企业资本结构呈现较高的分散化现象。然而，在行业发展的不同阶段，行业内企业的资本结构存在显著差异（Schwartz and Aronson，1967）。

（三）中小企业的管理者的特征

国外学者认为管理者特征对公司资本结构调整的影响主要表现在公司 CEO 性格、风险偏好以及个人的住房贷款情况等方面。伯杰等（Berger et al.，2004）和哈克巴斯等（Hackbarth et al.，2008）的研究表明，企业的负债比例的升高将推迟企业投资、限制管理层转移资金、降低管理层与股东的冲突，从而提升企业的价值，因此，管理特征，尤其是管理者自身的风险偏好以及对公司增长率和风险的认识偏差，是影响企业资本结构选择的重要因素。国内学者专门针对中小企业管理者特征对资本结构决策影响的研究较少，但是，也有一些学者针对中国上市公司管理者特征与资本结构选择之间的关系进行了实证研究。姜付秀、黄继承（2013）对发生 CEO 变更事件的中国上市公司的研究表明，拥有财务经历背景的 CEO 更倾向于选择较高的资本结构，并且公司资本结构与目标资本结构更趋于一致。周业安等（2012）从公司高管特征的角度，通过对国内外企业的对比分析得出，中国公司高管的性别、年龄、任期、教育程度、政治身份、职业兼任情况会对公司资本结构调整产生显著影响。

**二　关于中小企业资本结构优化影响因素的研究**

国内外大部分学者的研究结论表明，企业的资本结构选择不仅取决于与企业特征相关的因素，还与企业所处的行业竞争状况、产业结构、制度环境和经济环境有着密切的关系。企业所处的行业环境、制度环境（资本市场、法律制度）、宏观环境（经济周期、财政政策）处于不断变化之中，企业的资本结构需要随之不断适时动态调整优化，资本结构始终处于一个不断优化调整的过程中。因此，如果企业存在最优资本结构，企业则将深入、详细地分析内部优势劣势和外部环境的变化，从而据此确定企业的发展战略和资本结构优化策略，以实现企业价值最大化的重要目标。

（一）国外相关研究

国外学者对企业资本结构选择的影响因素的研究大多是静态分析，且大多是关于中小企业资本结构优化能力的影响因素研究和关于中小企业资本结构优化速度的影响因素研究。

学者们普遍认为，企业特征不仅是影响企业资本结构选择的静态因素，而且是资本结构优化的重要变量。Jalivand 和 Harris（1984）通过建立部分调整模型研究公司的资本结构优化的调整策略，研究结果发现，企业依据长期财务目标不断调整其融资行为，而且企业资本结构优化的调整速度受到企业特征的影响。费希尔等（Fischer et al.，1989）以传统的税收/破产成本理论为基础，发展了动态最优资本结构选择模型，他们以 999 家 1977—1985 年的企业为样本，研究了影响资本结构动态调整的主要因素，研究结论证实，企业特征是企业资本结构优化的关键变量。巴那尔吉等（Banjeree et al.，2004）第一次将目标资本结构和影响资本结构优化的因素内生于部分动态调整模型，研究发现，大型企业和成长型较高企业向最优资本结构调整的速度更快。Drobetz 等（2007）以法国、德国、意大利和英国四个国家 1983—2002 年 706 家公司的样本为研究对象，借鉴巴那尔吉等（Banjeree et al.，2004）的部分动态调整模型，以企业特征和宏观因素为研究变量，研究发现，企业资本结构优化的调整速度与企业的规模正相关，且业绩增长越快，企业的资本结构优化的调整速度越快，企业实际资本结构偏离目标资本结构的程度也就越高，从而，企业资本结构优化的调整速度也就越快；他们还例证了著名大公司的资本结构顺经济周期调整的特征。蒂特曼和齐普拉科夫（Titman and Tsyplakov，2007）的研究结果表明，当企业面临较高的财务困境成本时，企业向目标资本结构优化的意愿更强烈。虽然企业降低负债率对企业债权人的利益来说更为有利，但是，企业为了避免陷入财务困境所付出的代价会更大，或者所遭受的损失更大，因而，负债率水平很高的企业会主动采取相关措施来降低负债水平。Aybar-Arias 等（2011）

是较早研究中小企业资本结构动态优化的学者，他们的研究结果表明，西班牙中小企业的财务弹性、成长机会和企业规模与资本结构优化的调整速度具有正相关的关系，而与企业偏离目标资本结构的程度负相关。

国外众多学者的研究表明，制度环境是影响企业资本结构优化的重要因素（Rajan and Zingales，1995；Demirgüç-Kunt and Maksimovic，1999；Bancel and Mittoo，2004；Özde Öztekin and Flannery，2011）。Drobetz 等（2006）认为，企业的资本结构优化行为与市场制度高度相关，而且资本市场的发展、法律体系的效率和更好的股东保护制度与企业资本结构优化的调整速度正相关。Leary 和 Robert（2005）、Hovakimian 和 Li（2012）、Faulkender 等（2010）、Koufopoulos 和 Lambrinoudakis（2013）、Antzoulatos 等（2014）的研究结果表明，企业向目标资本结构优化的调整速度与调整的交易成本有关。但是，Byoun（2008）和 Faulkender 等（2012）认为企业资本结构优化的调整速度与调整成本负相关，Hovakimian 和 Li（2012）与 Koufopoulos 和 Lambrinoudakis（2013）则得出了与 Byoun（2008）和 Faulkender 等（2012）相反的结论。

此外，宏观经济也影响企业资本结构优化的调整方向和调整速度。企业资本结构的动态调整与经济周期密切相关（Kim and Sorensen，1986；Choe et al.，1993；Levy，2000；Korajczyk and Levy，2003）。Korajczyk 和 Levy（2003）的研究结果发现，企业的融资约束影响企业资本结构优化。在宏观变量对企业融资约束较严重的情况下，企业资本结构优化的调整方向呈顺经济周期变化；在宏观变量对企业融资约束较轻的情况下，企业资本结构优化的调整方向呈反周期变化。布斯等（Booth et al.，2001）对 10 个发展中国家企业资本结构的研究表明，企业资本结构的优化受到股票市场价值、实际 GDP 增长率、通货膨胀及税收等宏观因素的影响。Lööf（2003）的研究结果表明，企业资本结构优化还受到一国金融市场的规模、资本市场的发展状况以及税收体系的重要影响，而且以股票市场为主导的国家的企业比以银行为主导的国家的企业显示出更快的优化调整速度。

Hackbarth 等（2006）发展了宏观环境影响资本结构选择的动态调整模型，在经济繁荣时期，企业资本结构优化的调整速度较快，在经营衰退时期则较慢。Cook 和 Tang（2008）对美国公司的研究得出了与 Hackbarth 等（2006）类似的结论。Stoja 和 Tucker（2007）也认为企业所处的环境是企业优化资本结构的主要驱动因素。Wanzenried（2006）从交易成本的角度实证研究与分析了影响资本结构调整速度的主要因素，研究结论表明，交易成本在很大程度上反映了一个国家或地区金融市场、法制系统的运行效率和经济环境状况的好坏，高成熟度的金融市场、高水平的股东投资保护、高效运转的执法系统对资本结构的调整速度会产生正面的影响作用，并且，较快的经济增长速度、较高的通货膨胀率对企业资本结构的调整速度也会产生重要影响。

（二）国内相关研究

国内许多学者分别运用双项效应动态计量模型、部分动态调整模型、面板数据模型、结构方程模型实证检验和分析中国上市公司资本结构动态调整的影响因素，取得了具有重要实践指导价值的研究成果（见表2—2）。但针对中小企业的研究，尤其是基于非上市公司的中小企业，运用动态调整模型进行实证研究的成果还比较少见。

表 2—2　　中小企业资本结构优化影响因素的国内代表性研究

| 作者（年份） | 研究结论 |
| --- | --- |
| 童勇（2004） | 公司规模、成长性与企业资本结构优化之间呈现显著的正向相关关系，非债务性税盾、盈利能力、流动性与企业资本结构优化之间呈现显著的负向相关关系。 |
| 肖作平（2004） | 公司规模、资产有形性、产品独特性等因素与企业资本结构优化之间呈现显著的正向相关关系，而企业成长性、资产流动性、产生内部资源的能力等因素与企业资本结构优化之间呈现显著的负向相关关系。 |
| 王皓、赵俊（2004） | 公司规模、成长性、收益波动性与企业资本结构优化显著正相关，非债务税盾、盈利能力与企业资本结构优化显著负相关。不发达的金融市场和金融制度会增加企业资本结构优化的成本。 |

| 作者（年份） | 研究结论 |
| --- | --- |
| 李国重（2006） | 从本期来看，正向影响企业资本结构优化的因素有企业规模，负向影响企业结构优化的因素有流动性、盈利能力和非债务税盾；从前一期来看，正向影响企业资本结构优化的主要因素是成长机会，负向影响企业结构优化的主要因素有企业规模、资产流动性、盈利能力、非债务税盾等。此外，金融市场、金融体制及制度性因素影响中国中小企业上市公司资本结构优化的成本。 |
| 苏科蔚、曾海舰（2009） | 公司规模、成长性显著正向影响企业资本结构的优化，非债务税盾和盈利能力显著负向影响企业资本结构的优化，债务担保能力和收益波动性对资本结构优化产生的影响方向不确定。 |
| 何靖（2010） | 公司规模、资产结构、股权结构与企业资本结构优化之间呈现显著的正向相关关系，非债务税盾和盈利能力与企业资本结构优化之间呈现显著的负向相关关系。 |
| 王丽娟、杨玲燕（2012） | 企业规模、资产有形性和成长性显著正向影响企业资本结构的优化，非债务税盾、股权集中度和产品竞争力显著负向影响企业资本结构的优化。 |
| 陈必安（2009） | 财务状况、公司治理结构、当前的资本结构等企业特征，行业、利率和通货膨胀率等宏观环境是影响企业资本结构优化的关键因素。 |
| 白明、任若恩（2011） | 生命力强的公司的资本结构的优化速度快；企业资本结构优化的效率排序从高至低分别是股票、内源资金和长期负债，且企业所处行业及企业的现金流状况明显会影响企业资本结构优化的能力、路径和速度。 |
| 姜付秀、黄继承（2013） | CEO的财务经历会显著地对企业资本结构的优化产生正向的影响作用。 |
| 于蔚等（2012）；江龙等（2013） | 对于面临较强融资约束的企业来说，资本市场的信贷规模与企业资本结构优化的速度之间呈现显著相关的关系，而对于融资约束较轻的企业来说，两者之间的关系不显著。然而，对于面临较强融资约束的企业来说，资本市场的贷款利率与企业资本结构优化的速度之间呈现不相关的关系，而对于融资约束较轻的企业来说，两者之间的关系显著。 |
| 黄辉（2009）；闵亮、沈悦（2011） | 在宏观经济运行的上行期，企业资本结构优化的速度较快。 |

资料来源：作者整理。

# 第二节　关于中小企业竞争力与资本
# 结构调整之间关系的研究

鲜有国内外文献直接涉及企业竞争能力与资本结构之间关系的研究。国内外学者的研究主要集中在影响企业竞争力的诸多因素（外部环境和内部环境）与企业资本结构之间的关系的领域。从内部环境来看，由于专用性资产是企业竞争力的重要来源，所以，资产专用性与企业资本结构之间的关系研究受到国内外学者的广泛关注。从外部环境来看，企业竞争力与资本结构的研究文献主要集中在产品市场竞争与资本结构之间关系的研究。

**一　关于资产专用性与资本结构调整之间关系的研究**

资产专用性的概念最早见于埃尔弗雷德·马歇尔（Marshall）的《经济学原理》对特殊雇员问题的研究（马歇尔，1948）。威廉姆森（Williamson，1971）最早提出资产专业性理论，该理论认为资产专业性是指资产在不牺牲生产价值的前提下能够被不同的使用者用于不同用途的程度。具体而言，专有性资产是公司获取一定竞争优势而进行的耐久性投资，专用性资产作为一种特定资产，一旦形成，就会锁定在一种特定形态上，若再作他用，其价值就会贬值。所以，企业的专用性资产不能无成本被运用到其他领域，呈现出"路径依赖"特征。威廉姆森（Williamson，1985）认为，资产的专用性通常表现为四大类：第一类是场地专用性；第二类是物质资产专用性；第三类是人力资产专用性；第四类是特定用途资产。而后，他又将资产专用性扩展到品牌资本和暂时性资产两个大类。

（一）国外学者关于资产专用性与资本结构调整之间关系的研究

国外学者对资产专用性与资本结构的研究主要从以下三个方面展开：一是企业的最小治理成本与最优资本结构的选择；二是资产专用性特性对企业资本结构选择所产生的影响；三是从企业资本结构演进的影响因素视角来分析企业资产专用性与资本结构之间的关系。

1. 最小治理成本与最优资本结构

威廉姆森（Williamson，1995）在分析企业的治理结构时，分别研究了资产专用性特征对企业债权融资方式和企业股权融资方式两种融资方式的影响。他认为，企业的债务和权益应该被视为企业的不同治理结构，而资产专用性则在很大程度上影响着企业的融资决策。当企业进行项目融资时，项目的资产专用性与企业债权人剩余索取权的实现程度密切相关。如果企业破产，则债权人的优先索取权与企业的资产专用性负相关，企业资产的专用性越强，企业资产被转让或者变现的可能性也就越小，从而债权人的优先索取权也就越难得到保障。与债权融资相比，首先，股票持有者不仅在企业收益方面拥有剩余索取权，而且在资产清算时同样拥有剩余索取权，由此可知，股权融资是比债权融资复杂得多的专断性内部治理结构。其次，股票无须还本，因此，资产专用性程度的高低影响企业股权融资的成本。借鉴威廉姆森的研究，Choate（1997）构建了一个基于风险和资产专用性等变量的公司融资模型。他认为，在企业经营不确定性的情况下，企业最小治理成本的资本结构（企业最优资本结构）与企业的风险和资产专用性有关。资产专用性越强，负债筹资比例越低，证实了威廉姆森的推论。

2. 资产专用性特征与资本结构调整

专用性资产属于企业的异质性资源，具有价值性、稀缺性、不可模仿性和无法替代性（Penrose，1959）。基于公司战略考虑而投资的专用性资产，如企业研发获取的自主知识产权、非专利技术，企业营销传播形成的商标权的品牌资产，用于特殊生产的固定资产等，都是企业获取竞争优势的特殊资源和专用资产。因此，基于公司战略而投资、开发的专用性资产是实现公司产品差异化的重要来源，也是企业提高产品质量、降低生产成本（如先进的技术、新的管理制度）的重要措施（Mang，1998）。

专用性资产具有较强的专用性，一些如专有技术、品牌等无形资产的价值难以计量和评估，专用固定资产在面临清算时其价值将面临大幅贬值。所以，企业资产的清算价值与其专用性程度正相关，资产专用性越强，其清算价值也就越低。同时，按照公司破产法的规定，具有抵押权的企业债权人拥有优先偿还权利，如果企业的资产专用性较强，那么企业债权人的利益将难以得到保障，迫使企业做出运用股权融资方式投资企业的专用性资产的决策，导致企业的负债率的降低，进而影响企业资本结构的调整。布拉德利等（Bradley et al.，1984）采用公司（广告＋研发费用）/销售收入的比值度量公司的资产专用性，比值越高，资产专用性越强，资产专用性与资本结构负相关。Balakrishnan 和 Fox（1993）以（广告费＋研发费用）/主营业收入作为资产专用性的替代变量，他将企业专用性资产主要界定为可能给企业带来竞争优势的无形资产，实证结果表明，资产专用性与资本结构呈负相关关系，资产专用性越强，公司的负债率越低，且专用性资产对企业资本结构调整的影响最大。Dijana（2001）也以（广告费＋研发费用）/主营业收入作为资产专用性的替代变量，但他是从公司贷款能力差异的角度研究公司资产专用性与资本结构之间的关系。他运用斯洛文尼亚的制造企业的数据，实证结果发现，企业为专用性较强的资产融资时，往往企业倾向于采用融资成本较低的内部股权融资方式。所以，企业的资产专用性越强，其资本结构也就越低。但也有一些学者研究发现，企业资产专用性越强，企业的盈利水平也就越高，企业也就越有可能获得偿还债务所需的现金流，从而提高金融中介对企业的认可度，提高企业获得贷款的可能性。所以，企业的资产专用性与资本结构呈正相关关系（Rajan and Zingales，1995；Booth et al.，2001）。另外，企业对专用性资产的投资等于向市场传递增强产品差异化、提高产品质量的信号，提升企业在债权市场的信誉，从而增强企业的负债能力（Balakrishnan and Fox，1993）。因此，企业资产专用性与资本结构密切相关，不仅专用性资产的清算价值而且专用性资产产生的延伸价值都会影响企业资本结构的调整。

3. 资产专用性与资本结构的动态演进

自威廉姆森将企业的权益与负债作为公司不同的治理结构以来，Shleifer 和 Vishny（1992）、Cushing 和 McCarty（1996）以及

Vilasuso 和 Minkler（2001）等学者从资本结构动态演进的角度研究了资产专用性对企业资本结构调整的影响。从资产控制权和监管能力看，投资者为有效地降低投资专用性资产带来的不确定性风险，他们可以通过企业权益融资而不是负债融资的方式更为直接地控制和监管资产，所以，投资者往往通过权益融资方式为专用性程度高的项目融资，而通过负债为资产专用性低、不确定性风险低的项目融资（威廉姆森，1998）。Shleifer 和 Vishny（1992）认为，企业资本结构的动态演进与资产非流动性有关。他认为，资产非流动性是指替代价值视角的资产专用性，其价值等于资产清算价值与最佳使用价值之差，实证研究结果表明，资产非流动性与企业财务杠杆负相关，资产非流动性越强，企业财务杠杆越低。Cushing 和 McCarty（1996）采用企业资产的清算价值和清算前价值的比例分布构建了一个资产专用性指数，并且资产专用性指数越高，资产专用性越低，研究企业的资产专用性与资本结构的动态演进关系。研究结果发现，资产专用性指数与资本结构呈正相关关系。Vilasuso 和 Minkler（2001）在研究模型中引入代理成本，将代理成本与资产专用性作为影响公司资本结构动态演进的重要因素。分别采用主营业务收入/总收入、广告支出/总收入两个指标作为公司资产专用性的替代变量，构建公司资本结构动态演进模型，实证研究结果表明，在其他条件一定的情况下，目标资本结构中的权益资本水平与企业资产专用性程度正相关，企业资产专用性程度越高，目标资本结构中权益资本的比例也就越高，而负债比例也就越低。

（二）国内学者关于资产专用性与资本结构调整之间关系的研究

国内关于资产专用性与资本结构关系的研究主要是结合中国上市公司的实际情况，借鉴国外学者的理论研究成果进行实证研究。

1. 资产专用性、资本成本与资本结构调整

商品所有权不可完全转让的特性，促使企业（所有权转让者）投资专用性资产。企业投资专用性资产的目的是向顾客传递拟履行隐性契约的资本承诺，而隐性契约要求权对企业财务政策的选择产生影响（Barton，1989；Cornell and Yosha，1998；程宏伟，2004）。程宏

伟（2004）从企业利益相关者的角度出发，假设商品所有权可以分割，以食品和家电为主营业务的中国上市公司为样本，分别采用固定资产/总资产和无形资产/总资产来衡量企业的专用性投资强度。在存在隐性契约的情况下，企业的融资成本受到专用性投资与隐性负债的双重影响，企业专用性资产投资强度随着资本结构的提高而减少。王永海和范明（2004）、袁琳和赵芳（2006）都是沿用 Vilasuso 和 Minkler（2001）的资本结构动态模型的研究方法，研究企业资产专用性与资本结构之间的关系。王永海、范明（2004）分别对企业制度不完备、治理结构不完善的中国石油化工、钢铁冶金和医药三个行业上市公司进行财务数据的特征分析和实证检验，实证研究结果与 Vilasuso 和 Minkler（2001）的研究结论相反，企业资产专用性和资本成本影响企业资本结构动态演变的过程和结果：资产专用性程度与企业负债水平正相关，企业资产专用性程度越高，其负债水平也就越高；且在其他条件不变的情况下，随着企业资产专用性程度提高，企业目标资本结构中的负债资本水平也不断上升。而袁琳、赵芳（2006）则以 M—M 理论为基础，按照资本总成本最小化的思路，从代理成本和资产专用性两种角度，构建企业资产专用性与资本结构的理论关系，以中国上市公司为样本，实证检验基于资产专用性分析的资本成本最小化的最优资本结构决策。

2. 交易成本、资产专用性与资本结构调整

国内学者（钱春海等，2002；李青原和王永海，2006；严鸿雁和杨宜，2009；孟越和安维东，2012；崔迎科，2013）等以交易成本理论作为研究理论基础，采用多元线性回归模型实证研究资产专用性与资本结构之间的关系（见表2—3）。

钱春海等（2002）、严鸿雁和杨宜（2009）以区域制造业企业的数据为研究对象。钱春海等（2002）以获取的有完整财务报表、经营范围单一、能提供研究与开发、广告支出费用或者耐久性投资、规模在50人以上的171家上海制造业企业为研究对象，以研究与开发、广告支出费用或者耐久性投资对净销售的比率作为企业的资产专用性的代理变量，实证检验专用性资产与融资方式选择之间的关系，研究

结果表明，资产专用性与资本结构正相关，得出与威廉姆森（1998）相反的结论。严鸿雁、杨宜（2009）以北京地区 188 家制造业上市公司为研究对象，以 Cushing 和 McCarty（1999）的资产专用性指数方程计算结果的倒数衡量公司资产专用性，实证得出与威廉姆森（1998）一致的结论。

李青原、王永海（2006）增加研究样本范围及数量，研究样本范围由一个市扩展至全国，研究数量增加至 8649 家，以研发费用、广告费用的加总与主营业务收入的比值作为衡量企业资产专用性的指标；严鸿雁（2010）以 772 家中小企业板制造业上市公司 2004—2007 年的相关数据作为研究样本，采用 Berger 等（1998）的资产退出价值衡量企业的资产专用性，资产退出价值越低，资产专用性程度越高；孟越、安维东（2012）以沪、深两市市场化程度较高的 80 家医药上市公司 2006—2010 年的财务数据为研究样本，以长期资产比率和销售费用率两个指标作为资产专用性的衡量指标。以上学者的实证研究结果与 Baladrishnan 和 Fox（1993）、威廉姆森（1988）一致，但与钱春海等（2002）截然不同，资产专用性越强，企业越倾向利用权益资本进行融资，资产专用性与资本结构负相关。崔迎科（2013）以我国 74 家农业上市公司 2002—2010 年面板数据为研究样本，分别以（固定资产净值 + 在建工程 + 无形资产 + 长期待摊费用 + 商誉 + 开发支出）/企业总资产、固定资产/总资产，以及无形资产/总资产三个指标作为农业上市公司的资产专用性衡量指标，研究结果表明，农业上市公司的资本结构随着资产专用性的增加而上升，资本专用性越强，企业上市公司的资本结构也就越高，从而得出与已有理论分析相悖的结论。另外，李青原、王永海（2006）还实证分析了企业盈利能力与企业资产专用性、企业资本结构的相关性。企业盈利能力与公司资产负债率负相关（刘志彪，2003），而与资产专用性正相关。因此，企业资产投资的专用性特点和企业的盈利能力共同影响企业资本结构的决策。

表 2—3　　　　国内学者关于企业资产专用性与资本结构调整
之间关系的代表性研究成果

| 作者（年份） | 时间范围 | 数据来源 | 样本 | 资产专用性指标 | 研究结论 |
|---|---|---|---|---|---|
| 钱春海（2002） | 1992—1999 | 问卷调查 | 171 家上海制造业公司 | （研发费用＋广告支出费用或耐久性投资）/净销售收入 | 正相关 |
| 李青原、王永海（2006） | 2001—2003 | 全国数据 | 2883 家制造业公司 | （研发费用＋广告费用）/主营业务收入 | 负相关 |
| 严鸿雁、杨宜（2009） | 2000—2007 | 上市公司年报 | 188 家北京制造业上市公司 | 资产专用性指数方程 | 负相关 |
| 严鸿雁（2010） | 2004—2007 | 上市公司年报 | 772 家中小制造业上市公司 | 资产退出价值方程 | 负相关 |
| 孟越、安维东（2012） | 2006—2010 | 锐思金融数据库和巨潮资讯网 | 80 家医药制造、生物制造行业上市公司 | 长期资产比率；销售费用率 | 负相关 |
| 崔迎科（2013） | 2002—2010 | CSMAR/CCER 数据库及公司年报 | 74 家农业上市公司 | 固定资产净值、在建工程、无形资产和长期待摊费用、商誉、开发支出与总资产的比例；固定资产占总资产的比例；无形资产占总资产的比例 | 正相关 |

资料来源：作者整理。

## 二　关于产品市场竞争与资本结构调整之间关系的研究

公司金融理论告诉我们，企业在做出资本结构的决策时，无须关注产品市场的竞争情况，即企业资本结构的选择与企业产品市场结构没有显著相关关系。另外，在产业经济学的研究中，一般只强调产品市场竞争结构，几乎不涉及产品市场结构对企业的资本结构的影响，也不关注资本结构对产品市场竞争结构的影响。因此公司金融理论或是产业组织理论，都难以对现实中的企业行为进行合理的解释。自20 世纪 80 年代中期以来，学者们开始关注企业资本结构与产品市场竞争之间的关系。企业资本结构对产品市场结构及企业竞争行为产生影响的机制是市场竞争，因为产品市场竞争程度的强弱会影响其市场结构，从而市场结构影响产业中企业的行为，进而影响企业的绩效，即资本结构通过"结构—行为—绩效"范式（将 SCP 扩张至 SSCP）影响产品市场的竞争行为。具体而言，企业资本结构传递的信息改变了企业与竞争者之间的博弈信息结构，从而改变了企业在产品市场上的竞争行为。20 世纪 80 年代以来，学术界出现了大量关于企业资本结构与产品市场竞争之间关系的研究文献，并取得了丰硕的研究成果。在现有的相关研究文献中，许多学者从多个角度实证检验了企业资本结构与其产品市场竞争之间的关系，包括企业资本结构对企业产品市场竞争所产生的战略效应（DeAngelo and Masulis, 1980；Shleifer and Vishny, 1992；Balakrishnan and Fox, 1993；Vilasuso and Minkler, 2001；Mocnik, 2001；郭鹏飞和孙培源，2003；刘志彪等，2003；程宏伟，2004；姜付秀和刘志彪，2005；Lyandres, 2006），企业资本结构与产品市场产量或者市场份额的决策（Opler and Titman, 1994；Kovenok and Phillips, 1995；Zinglales, 1998；Campello, 2003），企业资本结构与企业的价格策略（Chevalier, 1995；Chevalier and Scharfstein, 1995, 1996；Campello, 2003），以及企业资本结构对企业投资能力的影响（Zingales, 1998；童盼和陆正飞，2005；韩乾富和沈洪波，2009；陈晓红，2010）。

（一）关于企业产品市场的战略效应与资本结构调整之间关系的研究

国内外许多学者通过实证分析，研究资本结构对产品市场的战略效应。McAndrews 和 Nlkamara（1992）的实证研究结果表明，即使企业不存在债务的税收激励，企业增加负债也可以作为企业在产品市场中更积极行动的承诺，而且企业还可以通过提高负债水平改善企业的盈利能力。因此，一个在位企业可以通过增加其负债水平来阻止新竞争对手进入本产业。

对于企业在做出资本结构调整决策时所使用的信息，可以将其视为企业向市场所发出的一项战略承诺，并且，企业资本结构与其产品的市场竞争状况之间有着密切联系，企业的负债比例越高，企业的产品市场竞争程度也就越激烈（刘志彪等，2003；Lyandres，2006）。我国学者刘志彪等（2003）基于1997—2001年我国上市公司的财务数据，构建了一个二阶段双寡头垄断竞争模型，并运用此模型实证检验了企业资本结构与产品市场竞争之间的关系。他们假定，在阶段1，企业需要做出资本结构调整的决策，而在阶段2，企业需要做出产品市场竞争行为的决策。研究结论表明，企业资本结构与产品市场竞争之间呈现出明显的正向相关关系，并且，企业所采取的最优策略应该是提高企业的负债率水平，同时采取切实有效的措施以迫使竞争对手降低负债率水平；企业相互之间负债水平的反应曲线往往呈现出向下倾斜的变化趋势，在这种情况下，如果企业的竞争对手提高负债率水平，则企业的最优策略应该是降低自身的负债率水平。因此，企业的总体负债率水平和短期负债水平都具有显著的战略效应，并且，这种战略效应表现出了时滞性的显著特点，也就是说，当期的资本结构决策会显著地影响以后各个时期的产品市场竞争强度的变化（屈耀辉等，2007）。

Nguyen（2006）以美国制造业数据，研究了债务的战略效应。研究结果表明，无论产品市场的竞争属于古诺竞争还是伯川德竞争，产品市场的需求不确定性都与企业的负债水平正相关，但产品成本不确定性在两种竞争模型下的表现相反，在古诺竞争的情况下，与负债水平正相关；在伯川德竞争的情况下，与负债水平负相关，这与Showalter（1995）、Dasgupta和Titman（1998）的研究结果有一定的差异。姜付秀、刘志彪（2005）的研究结论表明，当经济波动对产业需求产生明显的冲击影响时，如果企业采取激进性的资本结构选择行为，则会对企业的产品市场竞争产生一定程度的不利影响；当产品的市场需求处于长时期的萎缩阶段时，并且，经济形势趋向于复苏或者繁荣的预期很大，则产品的市场需求会大大增加，由此，那些具有较强融资能力的企业则采取增加负债率水平的措施，在产品市场上会采取更为激进的竞争行为，以期实现或者达到提高市场占有率的目标。因此，企业的资本结构决策不仅要考虑产品市场竞争情况，还必须考虑经济波动对产业需求可能产生的影响。

（二）关于企业产品市场竞争与资本结构调整之间关系的研究

1. 企业产品产量、市场份额与资本结构调整

Opler 和 Titman（1994）、菲利普斯（Phillips, 1995）、Kovenock 和 Phillips（1997）及 Campello（2003）是实证研究企业资本结构与产品市场产量或者市场份额之间的关系较有影响力的几位学者。他们选取美国不同行业企业的数据，研究、分析了企业资本结构对企业产品产量所产生的影响。当经济衰退或行业不景气时，负债水平较高的企业将受到本行业内那些在财务上比较稳健的竞争者的掠夺。但是，市场上的个别企业在融资时过多地采用债务融资的方式，则该种融资方式会对其产品的销售产生很大的负面影响，从而导致企业失去大量市场份额（Opler and Titman, 1994; Phillips, 1995; Campello, 2003）。此外，与债务水平较低的企业相比，高负债企业的产品销售量和股票价格的下降幅度较大（Opler and Titman, 1994）。但是，如果在经济繁荣时期，企业负债率水平的提高，会对其产品的销售产生微小的正面影响（Campello, 2003）。但是，菲利普斯（Phillips, 1995）在对玻璃纤维行业、拖拉机拖车行业、聚乙烯行业这三个行业与石膏行业进行比较分析后发现，前三个行业的企业产出水平与行业平均负债率负相关，这与 Opler 和 Titman（1994）、Campello（2003）实证研究结论基本一致。然而，在石膏行业中，可能是因为行业进入壁垒较低的缘故，研究结论却发现，企业的产出水平与行业的平均负债率之间呈现明显的正向相关关系。Kovenock 和 Phillips（1997）对通过杠杆收购、管理层收购和资本重组等方式来大幅度提高负债率水平的企业进行了深入而又细致的比较研究，研究结论表明，在生产高度集中的行业中，如果企业的生产率水平很低，则其更有可能进行资本重组，提高债务融资的比重，减少产量；在这种情况下，其竞争对手却会提高产量水平，以期获得更大的市场占有率。

2. 企业产品市场价格竞争与资本结构调整

大部分学者的研究表明，企业负债水平的提高与产品价格具有正相关关系（Phillips, 1995; Chevalier, 1995a）。基于玻璃纤维行业、拖拉机拖车行业、聚乙烯行业、石膏行业企业的相关数据，菲利普斯

（Phillips，1995）实证研究了企业的产品定价策略对行业平均负债率所产生的影响，研究结论表明，玻璃纤维行业、拖拉机拖车行业和聚乙烯行业中企业产品的价格与行业平均负债率之间呈现正向相关关系，而在石膏行业中，企业产品的价格与行业平均负债率之间却呈现负向相关关系。在 1981—1990 年，美国零售行业超级市场业态发生大规模的杠杆收购（LBO）事件，Chevalier（1995）将杠杆收购对零售业态的冲击作为外生变量，不仅研究了各城市 LBO 企业市场份额对该城市超市价格变化的影响，还检验了各城市没有发生过 LBO 的超市企业资本结构与价格策略的关系。结果发现，LBO 企业的定价高于非 LBO 企业。Chevalier 和 Scharfstein（1996）运用普通最小二乘回归法，研究了 1985—1987 年美国石油价格大幅度下跌导致的区域性经济衰退、1990—1991 年美国全国性经济衰退和 1991 年美国宏观经济恢复三个时期 LBO 后的企业对美国超市定价行为的影响。研究结果表明，LBO 后的超市企业的定价水平与其负债水平呈正相关、与商业周期呈负相关的关系。LBO 后的超市类企业通常会采取提高商品价格的方式来达到增加短期利润的目的，并且，超市类企业的债务水平与商品涨价幅度之间呈现正向相关关系；如果经济衰退的现象越严重，则负债水平较高的企业对产品加价幅度的敏感程度也就越高；在产业集中度较高的行业中，这一现象愈加明显。Campello（2003）基于 1976—1996 年 71 个行业的 128133 家企业相关数据的实证研究结果表明，行业的债务水平越高，则行业企业产品的成本加成率与商业周期之间呈现负向相关关系；行业的债务水平越低，则行业企业产品的成本加成率与商业周期之间的相关关系越不明显。并且行业平均的负债水平越高，企业的产品价格策略越具有反周期性，即在经济衰退期产品价格增长的速度更快。当面对经济衰退时，财务上受到约束的企业更具有愿意牺牲未来的销售以取得短期利益的动机。

此外，Schnitzer 和 Wambach（1998）还对企业在采用内部融资时和外部融资时的资本结构决策，与企业在产品市场的定价行为之间的关系进行了理论上和实证上的深入研究。Mscksimovic 和 Zecher

（1991）研究了企业债权人和其股东之间的冲突，研究结论表明，代理成本、生产技术的选择与资本结构之间存在着紧密的内在联系，一般来说，相较于低杠杆企业的股东，高杠杆企业的股东往往更有动力选择效率低下、风险高昂的技术来损害债权人的合法权益。

3. 企业现金持有量与产品市场的掠夺行为

掠夺理论认为现金持有量有助于企业应对来自于产品市场竞争的更具攻击性的掠夺行为。Tesler（1996）、Benoit（1984）、Haushalter等（2007）、Harford等（2008）发现，在垄断性行业中，如果企业的投资决策与竞争者对手存在较高依存度时，企业将在产品市场中面临竞争对手的掠夺风险，所以，企业将持有更多的现金。黄静、张天西（2010）的研究结论表明，为了在更大程度上预防掠夺风险的动机，垄断势力强大的行业中的企业往往愿意持有更多的现金。周婷婷、韩忠雪（2010）的研究结论却发现，随着产品市场竞争程度的日益提高，企业的现金持有量也日益增加，其中的一个重要原因就是掠夺风险对现金持有决策所产生的重要影响。孙进军、顾乃康（2012）应用掠夺理论剖析了产品市场竞争对企业现金持有量所产生的影响，剖析结论表明，为防范或者规避潜在的掠夺风险，垄断型市场结构中的企业持有更多现金的意愿更强，这种现象在高成长性行业中表现得更为突出；如果将公司治理因素纳入分析，研究结论亦表明，企业持有更多现金的主要原因是防范或者规避掠夺风险，而不是代理冲突；另外，研究结论还发现：位于垄断性行业中的企业具有较高的现金—现金流敏感度，其持有较多的现金有利于应对竞争对手增加投资的掠夺行为。

为了预防未来出现投资不足的现象，以下三类企业更加愿意持有更多的现金：第一类是成长机会较多的企业（Opler et al.，1999）；第二类是受融资约束的企业（Almeida et al.，2004）；第三类是现金流波动性较大的企业（Han and Qiu，2007）。Opler 和 Titma（1994）的研究结论表明，在行业出现了不景气的状态时，低财务杠杆企业会大肆侵吞高财务杠杆企业的市场份额。黄乾富、沈洪波（2009）基于 1997—2004 年 206 家中国制造业上市公司的相关数据，实证检验、分析了企业的现金非效率投资状况，以及企业债务对过度投资所产生的约束性作用，实证研究结论发现，制造业上市公司的投资行为对企业现金流会产生高度敏感的反应，并且，产生这种高度的敏感性反应的主要原因是企业过度投资和投资不足并存的结构性矛盾，而不是代理成本所导致的过度投资，也不是信息不对称所导致的融资约束。Philips、Chevalie、Kovenock 和 Philips 的研究结论基本一致，在产业集中度较高的行业中，主动发起产品价格战或者市场营销战的主要是那些财务杠杆水平低下、现金持有量较为充裕的竞争对手，他们的目的是要迫使那些财务杠杆水平比较高的企业陷入财务危机。Campello（2006）的研究结论认为，在宏观经济环境、商业周期和产业政策发生急剧变化的情形下，高杠杆企业陷入财务危机的可能性要远远大于低杠杆企业。

（三）关于企业投资能力与资本结构调整之间关系的研究

1. 企业投资能力与财务杠杆

企业的财务杠杆不仅影响企业当前的投资能力（Zingales，1998），而且还能抑制企业的过度投资行为（黄乾富和沈洪波，2009）。在市场竞争环境下，企业的长期生存能力不仅取决于当前的经营效率，还取决于企业拥有的充足财务资源。因此，企业的财务状况与企业的竞争地位、生存状况密切相关。Zingales（1998）的研究结论证实，高财务杠杆企业的后续投资能力，要远远低于低财务杠杆企业；并且，因为竞争对手价格战的影响，高财务杠杆企业的财务能力会大大降低，这会进一步影响企业在产品市场上保持后续竞争能力。童盼、陆正飞（2005）的实证结果表明，企业负债融资的比例影响企业投资的行为，企业负债比例、投资规模的相关性与新投资项目的风险有关。如果新投资项目风险较大，企业的投资规模将随着企业负债比例上升而快速下降，如果新投资项目风险较小，企业负债比例对投资规模的影响较小。黄乾富、沈洪波（2009）认为，企业债务从三个方面约束企业的过度投资行为。一是企业债务比例过大会降低企业获取再融资的可能性，增加企业再融资的成本；二是如果企业的债务来源以商业信用为主（尤其是小企业），与银行贷款相比，商业信用对企业的再融资约束较大；三是短期债务期限短，对企业的现金流影响大，会弱化企业的投资行为。所以，他们的研究得出企业负债比例与企业过度投资支出之间呈现显著负相关关系的结论。陈晓红等（2010）以投资能力和市场份额作为产品市场竞争力的代替变量，通过对我国 2006—2008 年沪、深两市 19 个行业 712 家上市公司的数据样本分析，得出的研究结论表明，企业资本结构显著影响产品市场竞争；同时，因为产品市场竞争有着较大的行业差异性，所以，资本结构对企业产品市场竞争的影响也有着较大的行业差异性。其次，资本结构显著影响企业的后续投资能力，即企业负债比例的提高对企业投资会产生负向的影响作用，并且，随着行业竞争程度的逐步下降，这种负向效应呈现出逐渐减弱的变化趋势。总体上，高负债与高市场份额之间存在着显著的正向相关关系，并且，随着行业竞争程度的逐步下降，这种正向的相关程度呈现出逐渐下降的变化趋势。但是，如果企业的资本结构达到了很高的水平，那么，随着企业资本结构水平的提高，企业所拥有的市场份额会出现下降的变化趋势，而这会使企业在面临激烈的行业竞争时陷入财务危机的困境。

2. 企业投资能力与财务保守行为

财务灵活性是企业财务经理资本结构决策的重要决定因素之一（Graham and Harvery，2001；DeAngelo，2007），财务的保守行为是提高企业投资能力（Bancel and Mittoo，2004；蒲文燕等，2012）、有效利用市场机会（Marchica and Mura，2009；蒲文燕等，2012），应对竞争对手的恶意掠夺行为（朱武祥等，2002；陈建梁和王大鹏，2006）、防范行业及系统风险的重要保障。

Graham 和 Harvery（2001）问卷调查的研究结果表明，财务灵活性是企业财务经理考虑企业财务杠杆时关注的最重要的因素。DeAngelo 等（2007）也得出了与 Graham 和 Harvery 相同的结论，他们认为企业的财务保守行为是为了保持企业的财务灵活性，是影响企业负债水平的重要因素。Minton 和 Wruch（2001）探讨了财务保守企业所呈现出来的典型财务特征，研究结论表明，不仅企业财务保守行为与企业信息不对称程度和公司治理结构之间没有显著的相互关系，而且财务保守企业的资本结构与企业的税率、债务的税盾效应之间的关系也不显著，因此，在财务上表现得较为保守的企业，在进行资本结构调整决策时，并不把债务的税盾收益作为首要考虑的因素。

Graham 和 Harvery（2001）、Marchica 和 Mura（2009）指出企业采取财务保守行为的目的，就是在未来某一时刻有能力为有利的投资机会筹集资金，满足投资项目的需求。Bancel 和 Mittoo（2004）认为企业的财务保守行为与财务上的灵活性有显著的相关关系，企业的财务保守行为可以增加企业财务的灵活性，提高企业未来利用有利的融资机会的可能性，从而增加企业价值。

国内学者朱武祥等（2002）构建二阶段理论模型，从理论上和实证上剖析了产品市场竞争与企业财务保守行为之间的深刻关系，研究结论显示，企业的资本结构与产品市场竞争之间存在一定的关系，因而，可以运用企业所面临的产品市场竞争状况来解释企业采取财务保守行为的合理性。陈建梁、王大鹏（2006）基于 2000—2003 年上海证券交易所和深圳证券交易所 796 家上市公司的相关数据的实证研究结论发现，产品市场竞争程度与企业资本结构之间存在明显的负向相关关系，也就是说，企业降低财务杠杆的一个重要原因就是激烈的产品市场竞争，所以，企业的财务保守行为具有其合理性，是企业为避免财务风险、提高产品市场竞争能力而采取的战略行为。蒲文燕等（2012）运用 1999—2008 年中国上市公司的不平衡面板数据，对企业的财务保守行为与未来投资机会之间的关系，运用动态面板模型进行了实证检验。实证结果表明：企业的财务保守行为与企业未来的投资机会高度显著相关；同时，企业的财务保守行为和企业的投资支出具有时间连续性，与其滞后项显著相关。

# 第三节 文献评述

## 一 现有研究的特点及其成果

通过以上对相关研究文献的回顾与总结，我们可以发现，许多学者从理论、实证路径对企业资产专用性、产品市场竞争等因素与企业资本结构之间的关系进行了深入、细致的研究，取得了丰硕的研究成果。

（1）许多学者对企业竞争力性质、概念及评价体系从管理学和经济学的视角进行了大量的研究，形成了竞争力研究较为丰富的研究成果。从产业结构、企业内部资源、企业内部能力等角度探讨了竞争力的来源，并运用不同的理论依据、指标、方法和数据对国家竞争力、行业竞争力、企业竞争力等进行了测度，尤其是利用调查数据对中国不同地区中小企业竞争力的整体性评价进行了积极的探索。

（2）自莫迪里阿尼和米勒（Modigliani and Miller，1958）《资本成本、公司财务和投资理论》一文发表以来，学者们以权衡理论、交易成本理论、信息传递理论为依据，从财务管理、金融管理和战略管理的视角对企业最优资本结构相关问题进行了全面、深入细致的研究，大部分的研究结果表明企业存在最优资本结构，但企业资本结构的调整受到企业特征（规模、年限、资产结构、获利能力、盈利能力成长性、非债务性税盾、抵押或担保性等）、行业特征、制度环境、宏观环境等因素的影响。

（3）国内外文献比较少直接涉及企业竞争力与资本结构之间的关系研究。但是国内外学者对影响企业竞争力来源的因素，如产品市场、内部资源的资产专用性、制度环境、宏观环境与企业资本结构决策进行了理论和实证研究，并取得了丰硕的研究成果。

（4）近年来，有些学者将公司金融理论与产业组织理论相结合，在企业资本结构调整的研究方面取得了较大的进展，拓宽了企业资本结构研究的视野，形成了企业资本结构研究的竞争力学派。许多学者的研究结果表明，企业资本结构的决策与产品市场特征、产品价格策略、产品差异化、企业投资行为等存在显著的相关性。但是很少有学者从企业竞争力的来源考察企业资本结构决策的问题。

（5）从研究方法上看，多元回归法、列联表独立性的卡方检验、主成分分析法、结构方程模型、面板数据模型等一些计量统计方法逐渐被大量地应用。从影响企业资本结构决策的静态分析转向动态调整分析，模型选择也相应由静态转向动态，指出最优资本结构犹如一只看不见的手，企业资本结构是基于交易成本向最优资本结构动态调整的理性选择。从研究的对象上看，企业资本结构的研究主要集中于上市公司，基于中小企业的研究也主要集中于公开上市的中小企业，或规模以上的工业中小企业。从研究的应用价值来看，企业资本结构的研究成果集中于基于理论的实证分析，对企业资本结构选择的实际指导意义提出了相关理论依据，具有较高的指导实践的应用价值，而且还为企业提供决策支持和为政府制定财政货币、税收及补贴等政策提供决策参考。

## 二 现有研究的缺陷和不足

（1）由于受可获数据的限制，现有研究的对象主要集中于上市公司。全球每一个国家中小企业都是国民经济发展的重要力量，其贡献了本国超半数的 GDP，提供了大部分的就业岗位，但因为受到中小企业管理不规范、财务数据不完整等因素的影响，关于中小企业资本结构决策的研究还未出现丰硕的研究成果。在中国，中小企业提供了 60% 的生产总值、80% 的城镇就业岗位、50% 的税收、65% 的发明创造和 80% 的新产品开发，因此，针对中小企业的专项研究有待提升。

（2）企业资本结构的调整研究理论众多，如著名的 M—M 理论，基于信息不对称的信号传递理论、优序融资理论、代理成本理论和控制权理论、产品要素和市场理论、市场择机理论、静态权衡理论和动态资本结构理论等，但基于中小企业资本结构调整的理论依据还未形成公认的、统一的研究框架，针对中国中小企业，特别是未上市的中小微企业对这些理论流派的梳理和应用仍需进一步提炼和验证。

（3）现有中小企业资本结构调整的研究主要侧重于企业特征、行业特性、制度差异及宏观环境对资本结构的影响；另外，以产品/投入市场的相互关系为基础的资本结构调整的影响因素研究，学者们所考虑的因素大部分仅限于产品市场中产品的价格和数量，研究企业资本结构对产品市场所产生的战略效应，企业资本结构决策与投资决策之间的深刻关系等。然而，企业资源配置、运营管理、投资活动等

的最终目标是实现企业价值的最大化，是在对企业面临的内外部环境
分析的基础上，确定企业的战略目标，配置企业战略资源，培育企业
的竞争力，实现企业价值最大化。企业的战略决定企业的组织结构、
治理结构及资本结构的调整，资本结构调整的目标是通过获取满足目
标顾客不断变化的需要的企业竞争能力得以实现。因此，企业资本结
构的调整是否与企业竞争力具有经济意义上的结构关系，仍然需要运
用产业管理与金融理论进一步验证。

# 第三章　竞争力理论与资本结构
## 理论回顾及分析

## 第一节　竞争力理论回顾与分析

### 一　企业竞争力概念界定

不同学者从不同角度对企业竞争力的概念进行了界定。从与竞争对手相比较的角度看，世界经济论坛（1995）将企业竞争力定义为在特定的环境下，企业比国内外竞争对手以更有吸引力的价格和质量提供产品或服务的能力和机会。菲力浦·科特勒认为在一定的环境下，企业比竞争对手更好地满足消费者未被满足需要的能力就是企业竞争力。张志强、吴健中（1999）认为企业竞争力是与企业现实的、潜在的、未来可能拥有的与同业企业比较的市场竞争能力。从企业占有的资源和能力的角度看，瑞士洛桑管理学院认为企业竞争力是企业和企业家通过设计、生产产品并向目标消费者提供更高性价比的产品和劳务的能力，是协调企业经营活动与外部环境动态适应的能力。国内学者曹建海（2001）将企业竞争力看作是由企业开发特殊资源组合而形成的开拓占领市场，并获取长期利润的能力。从外部环境、内部资源和能力的角度看，藤本隆宏（1997）构建了企业静态能力、改善能力和进化能力的企业三层次竞争力框架。金碚（2002）在综合前人研究成果的基础上，指出企业的竞争力是指企业自身发展的综合素质，是指在竞争性市场中，企业的持续盈利能力、高效且持续地向市场提供产品或者服务的能力；在此基础上，金碚还提出了形成企业竞争力的关系理论、资源理论、能力理论和学识理论的四要素理论。胡大利等（2007）在战略理论的基础上，构建了企业竞争力的环境、资源、能力和知识四维度研究结构。武永红、范秀成（2005）则从创造顾客价值的角度，研究表明企业竞争的本质不是获取更多的资源和能力，也不是扩大产品的市场占有率，而是比竞争对手创造更高的顾客价值，因此，企业竞争力就是提升顾客感知价值、创造更高顾客满意度的能力。李钢（2007）将企业的竞争者分为产品市场竞争者和要素市场竞争者，从而企业竞争力可分为产品市场竞争力、要素市场竞争力和企业运营效率竞争力。不同学者研究视角有异，内涵也有所不同，但不难看出这些定义都有着共同的特征，他们都将企业竞争力超越产品或服务本身，把企业竞争力当作为目标顾客提供异质产品或者服务，创造超额利润的能力，都从动态的视角指出，企业竞争力是企业内部优势、劣势与外部环境共同作用的结果。

因此，企业竞争力是一个较复杂的概念，企业内部的资源、能力、外部一般环境和产业环境决定了企业竞争力的来源基础。其中，企业资源的开发、培育、保护和企业能力的发挥是企业提供有竞争力的产品或服务的保障，因此，企业竞争力是在市场竞争中形成，通过整合自身资源、发挥自身能力，比竞争对手更好地满足顾客需要、创造更高顾客价值和超额企业利润的能力。

### 二　中小企业竞争力评价指标

目前国内外学者、机构对企业竞争力的界定不同，来源有异，因此对企业竞争力评价体系也存在不同见解。世界经济论坛和瑞士洛桑国际管理开发学院（1991）都是从企业国际竞争力的视角出发，强调企业在国际市场上提供产品和服务的能力，从反映一国企业竞争力的一般外部环境因素、制度因素及企业内部因素三方面构建企业竞争力的评价指标体系。国内学者金碚（2003）和胡鞍钢等（2014）从企业国家竞争力层面，陈佳贵和吴俊（2004）、林汉川和管鸿禧

（2005）则从企业竞争的区域层面，徐二明和高怀（2004）、肖文伟（2010）与潘辉（2011）从企业竞争的行业层面，赵冬梅和周荣征（2007）、鄂齐和夏飞（2012）与张进财和左小德（2013）从企业微观层面分别构建企业竞争力评价指标体系（见表3—1）。陈佳贵、吴俊（2004）构建了区域影响力、经营运作力和成长发展力三方面显性评价指标，并将2003年中国30个省市自治区中小企业的竞争力按很强、较强、一般和较弱进行排名，得出地区中小企业竞争力呈现东高、中中、西低的格局的结论。林汉川、管鸿禧（2005）对不同区域、不同行业中小企业竞争力评价体系主要是基于企业竞争力来源的综合视角，从内外部环境两个层面实证研究。鄂齐、夏飞（2012）从企业资源、企业能力和企业生存环境三个方面构建中国中小企业竞争力的整体性评价指标，并以20家在中国深圳交易所上市的2002—2009年中小企业为样本分析中小企业竞争力指数。由此可见，不同学者对企业竞争力的认识分歧，导致对企业竞争力评价指标的选取存在差异，但从竞争力评价体系的研究文献中不难发现，竞争力评价指标选择方面呈现多维度、系统性、软资源性趋势（张秀娥，2009），指标选择主要从外部影响因素（宏观环境和产业环境维度）和内部影响因素（资源和能力维度）按显性竞争力指标和潜在竞争力指标进行评价体系构建。

表3—1　　　　　　企业竞争力评价指标的代表性研究

| 作者（年份） | 研究对象 | 竞争层次 | 企业竞争力评价指标 | |
| --- | --- | --- | --- | --- |
| 世界经济论坛（1991） | 国家和地区 | 国家层面 | 成长竞争力指标 | 科技指标、公共政策指标、宏观经济环境 |
| | | | 微观经济竞争力 | 公司运营及策略指标、国家商业环境品质指标 |
| 瑞士洛桑国际管理开发学院（1991） | — | 国家层面 | 国内经济实力、国际化程度、政府作用、金融环境、基础设施、企业管理、科研开发和国民素质，其中企业管理类指标生产、劳动力成本、公司业绩、管理效率和企业文化 | |

| 作者（年份） | 研究对象 | 竞争层次 | 企业竞争力评价指标 | |
|---|---|---|---|---|
| 金碚（2003） | — | 国家层面 | 经济效益、财务状况、管理水平、科技进步、人力资源、国际化经营和社会责任 | |
| 陈佳贵、吴俊（2004） | 地区中小企业 | 区域层面 | 区域影响力 | 销售收入、销售收入所占比重 |
| | | | 经营运作能力 | 销售利润率、净资产收益率 |
| | | | 成长发展力 | 销售收入增长率、净资产增长率 |
| 林汉川、管鸿禧（2005） | 中小企业 | 区域层面 | 外部环境 | 贸易环境、法制环境、资金环境、市场环境、信用环境、社会环境、政府服务 |
| | | | 内部环境 | 短期生存能力：获利能力和产品竞争力 |
| | | | | 中期生存能力：资本实力、资本运作能力、企业组织能力、融资能力、人力资源能力 |
| | | | | 长期发展潜力：研发人才状况、研究开发投入、生产技术能力、研发组织能力 |
| 赵冬梅、周荣征（2007） | — | 微观层面 | 显性竞争力指标 | 规模、效益和成长 |
| 肖文伟（2010） | 钢铁企业 | 行业层面 | 现实竞争力 | 成本、安全质量、规模、市场销售 |
| | | | 潜在竞争力 | 制度基础、经营资源、人力资源、技术资源 |
| | | | 绩效竞争力 | 效益、营运、偿债、发展 |
| 鄂齐、夏飞[①]（2012） | 中小企业 | 微观层面 | 资源指标 | 资产、人力资源 |
| | | | 能力指标 | 盈利能力、营运能力、资产运营能力、财务能力 |
| | | | 环境指标 | 产品市场竞争、社会贡献 |

① 鄂齐和夏飞（2012）以总资产、固定资产净值、无形资产和高等学历比率衡量企业的资源指标，因此，作者将其概括为规模和人力资源指标；以主营业务利润、净资产收益率、销售毛利率、主营业务增长、净利润增长率、资产负债率、流动比率和速动比率衡量企业的能力指标，笔者将其概括为企业的盈利能力、经营管理能力、资产营运能力和财务能力。

| 作者（年份） | 研究对象 | 竞争层次 | 企业竞争力评价指标 | |
| --- | --- | --- | --- | --- |
| 张进财、左小德（2013） | — | 国家层面 | 内部资源分析指标 | 资本、设备、规模、人力资源、科技创新能力、制度及企业文化 |
| | | | 内部能力显性指标 | 企业盈利能力 |
| | | | 内部能力分析指标 | 经营管理能力、营销能力、资产营运能力和财务能力 |
| | | | 外部显性指标 | 产品市场、社会效益和国际化水平 |
| | | | 外部分析性指标 | 宏观环境和产业环境 |
| 胡鞍钢等（2014） | 中央企业 | 区域层面 | 做大（规模指标） | 营业收入、资产总额 |
| | | | 做强（效益指标） | 行业集中度、利润率 |
| | | | 做优（创新指标） | R&D 支出强度、海外资产占比 |
| | | | 做绿（绿色指标） | 单位 $CO_2$ 排放增加值、单位能耗增加 |
| | | | 做和（和谐指标） | 公共财政贡献率、就业人数 |

资料来源：作者整理。

## 三 企业性质视角下的企业竞争力理论

经济学视角的企业竞争力研究是以经济人假设和完全理性假设为基础，产业被看作同质企业的集合，企业的经济活动被看作同质化行为下的零和博弈，因此，学者们是从市场结构，而不是企业内部因素差异的角度来解释不同企业的市场位势、超额利润以及持续竞争优势。1776 年亚当·斯密（Smith）在《国富论》中提出劳动分工理论，指出劳动分工可以提高企业的专业化水平，从而提高企业的劳动生产率。大卫·李嘉图（Ricardo）的比较优势理论指出，国家资源禀赋的差异促进国际分工和交换，从而产生企业间的比较优势。波特（Porter，1980，1985）的竞争优势理论遵循梅森—贝恩的"结构⇨行为⇨绩效"的研究范式，提出了市场结构分析的"五力模型"，竞争者、供应商、顾客、替代品和潜在进入者五种力量影响产业的市场结构特征和产业市场竞争的强度，从而决定企业的战略选择、市场定位和盈利水平。

因此，企业竞争力主要取决于企业所选择产业的市场结构。科斯在《企业的性质》一文中放弃了"企业同质"的假设，不再将企业视为输入—输出原理完全相同的"黑箱"，而是把企业看作异质性的实体。以资源或能力为基础的竞争理论试图解释为什么处于同一产业中的企业竞争力不同，是什么因素导致了企业竞争力的差异，又是什么原因确保企业获取持续的竞争优势。因此，管理学视角下的企业竞争力研究实质上是深入企业内部对竞争力原生性要素的研究。

（一）企业同质化竞争力理论

1. 国际贸易理论中的竞争力理论

早期的企业竞争力研究见于古典经济学家亚当·斯密（Smith，1776）在其《国富论》中的分工理论，他认为，劳动分工和专业化导致不同规模企业间的生产成本差异，劳动分工是提高劳动生产率、获取企业竞争力的重要来源。李嘉图（Ricardo，1817）则从比较优势的角度出发，提出一国可以专门生产、出口其绝对优势相对比较大和绝对劣势相对比较小的产品，同时进口绝对优势相对比较小和绝对劣势比较大的产品，因此，具有相对优势的产品存在竞争力。俄林（Ohlin，1933）的要素禀赋理论是从各国要素禀赋差异的基础上，解释各国的比较优势。因此，一个产品的市场竞争力来自于其生产要素价值方面的竞争力。而后，一些学者从企业国际竞争力的角度，将企业竞争力的来源拓展到企业自身的产品（Dunning，1985）、规模（Helpman and Krugman，1989；Brander and Spencer，1981）、技术（Posner，1961；Vernon，1979）和文化（钱德勒，1972）。

2. 结构竞争力理论

结构竞争力理论是以产业的不同市场结构差异来解释企业的竞争力。但是，结构竞争力理论研究假设条件之一是一个企业只生产一种产品，企业的竞争力等同于产品的竞争力。波特批判、继承、发展了国际贸易理论，将企业竞争力的研究集中于产业经济学与战略管理两大领域，他认为企业的竞争优势取决于企业所选择的产业的吸引力和其在该产业中的竞争位势。产业的吸引力取决于现有竞争对手、潜在进入者、替代品厂商、供应商和顾客五种力量的综合效应，不同产业的五种作用力强度不同，产业吸引力不同，企业的盈利水平也就不同。企业在产业中的竞争位势取决于企业单一业务所采取的市场竞争战略（总成本领先战略、差异化战略和聚集战略）。这一理论暗含以下四个方面的假设：一是企业的决策制定者被认为是完全理性的，并且企业决策的出发点是利益最大化；二是企业所获取的超额利润的大小与企业特征之间不存在相关关系，仅受到外部环境压力的制约；三是在同一行业或者细分市场中进行竞争的企业，控制着相似的资源，并且这些企业会基于这些资源做出相似的战略选择；四是企业战略实施所需的资源可以在企业间自由流动，因此，企业间的任何资源差异都是暂时的。

（二）企业异质化竞争力理论

1. 以资源为基础的竞争力理论

经济学中的国际贸易理论、结构竞争力理论中的研究假设都将企业或个人视为理性经济人和输入—输出原理同质的"黑箱"，企业的理性决策行为在本质上是一致的。基于这样的逻辑，这些理论很难解释同一产业中具有相同规模的企业竞争力的强弱，因此，以资源或能力为基础的竞争力理论将企业竞争力的解释转向企业内部，这一理论将企业视为具有不同内部结构和行为特征的实体，企业要想获得强大的竞争能力和高额的超额利润，就必须要培育和拥有丰富的战略资源或者高超的特殊能力。因此以资源或能力为基础的竞争力理论主要研究企业资源、企业组织、企业价值链、企业家特征、企业战略等影响企业竞争力强弱的内部因素（金碚，2002），并且这一理论暗含着与结构竞争力理论完全不同的四个假设，一是不同企业间所表现出的业绩差异主要源于它们所拥有的独特资源和能力，而不是行业的市场结构特征；二是企业努力获取各种战略资源和能力，并通过资源整合和利用来发展其独特的企业能力；三是企业的这些战略资源和能力不能在企业间自由地流动；四是企业资源和能力的差异是获取竞争优势的基础。以沃纳菲尔特（Wernerfelt）和潘罗斯（Penrose）为主要代表的企业资源学派，认为企业间的差异主要取决于企业内部所拥有的有形资源、无形资源以及积累的知识的差异，这些差异性的资源是产生企业竞争能力的关键要素，因此企业的竞争优势主要源于具有价值性、稀缺性、不可模仿性和不可替代性的专有的特殊资源。

2. 以能力为基础的竞争力理论

核心能力学派认为，人是配置企业差异性物质资源的实施者，以资源为基础的理论脱离企业中人的因素，仅从企业物质资源的特殊性角度难以真正解释资源异质性的本质及其实质特征。因此，企业的核心能力理论认为，企业竞争能力主要是指企业所拥有的开发、配置、发展差异性资源的能力和确定资源组合的能力。普拉哈拉德和哈默尔（Prahalad and Hamel，1990）认为，一个组织所获得的积累性学识，尤其是关于如何协调运用多种生产技能和有机结合多种技术流派的学识，是企业获得竞争能力的一种重要资源，它是在企业长期发展过程中形成的，具有过程性、完整性和不明确性等特征。巴顿（Barton，1992）从获取企业竞争优势的角度考察企业竞争力的来源，他认为，企业专用的、不易交易的知识信息是企业核心竞争力的根源。克里斯和蒙特哥马利（Collis and Montgomery，1995）直接将企业定义为实体资产、无形资产和能力的组合，因此企业的竞争优势是这三大要素组合的效率。蒂斯等（Teece et al.，1997）整合企业竞争能力的市场结构外生理论和资源、能力内生理论，提出企业竞争能力的动态能力理论，他们认为，企业的竞争能力是适应外部环境的快速变化，不断整合、构建、重置公司竞争力的能力。帕夫洛等（Pavlou et al.，2006）将企业的动态能力视为应对外部环境动态变化的重构职能能力。拉法和佐罗（Raffa and Zollo，1996）将企业竞争力的研究拓展到企业的组织文化层面，他们认为企业竞争力不仅取决于企业拥有的特殊物质资源和开拓整合差异资源的知识和能力，而且受到蕴藏、根植于企业的组织文化的影响。企业文化是组织成员共享的价值观和理念，是组织成员行为一致的内在基础，也是竞争对手难以模仿、难以复制的关键要素。

由此可知，管理学视角下的企业竞争能力的"资源观"和"能力观"不是对经济学研究视角下"产业组织观"的替代，而只是对企业竞争能力理论的补充（Barney，2002；Mahoney and Pandian，

1992；Peteraf and Barney，2003）。同时，也有很多学者对企业竞争能力的资源观的研究提出质疑，他们认为，以资源为基础的理论观点不仅缺乏管理含义（Connor，2002；Miller，2003；Lado et al.，2006），甚至不是企业竞争理论（Foss，1996a，1996b；Mahoney，2001；Barney，2005；Barney and Clark，2007）。因为作为资源本身，其概念界定仍然还不清晰；另外，企业资源不是企业获取持续竞争能力的决定因素，并且企业的持续竞争能力是不能获得的（Foil，2001；Foss et al.，2008）。因此，资源或能力观的竞争力理论在实践应用中仍然具有较大的局限性（Gibbert，2006a，2006b；Corner，2002；Miller，2003；Barney，2002）。

# 第二节　资本结构理论回顾与分析

## 一　M—M 资本结构理论

现代资本结构理论研究始于莫迪里阿尼和米勒（Modigliani and Miller，1958）所著的《资本成本、公司财务和投资理论》一文。他们假设资本市场是一种原子的竞争状态，没有信息不对称，没有代理成本，债券与股票在资本市场上的交易成本为零，经营条件相似的公司具有相同的资本化率，不考虑税收、企业的成长性以及企业破产成本。任何企业 $j$ 的市场价值 $V_j$，企业普通股票的价值 $S_j$，企业债务的市场价值 $D_j$，企业所有资产的期望收益 $\overline{X}_j$，$\rho_k$ 为 $k$ 类公司产生的不确定流的期望值的资本化率。则计算公式：

$$V_j = S_j + D_j = \overline{X}_j / \rho_k \qquad (3\text{—}1)$$

由公式（3—1）转换为：

$$\frac{\overline{X}_j}{(S_j + D_j)} = \frac{\overline{X}_j}{V_j} = \rho_k \qquad (3\text{—}2)$$

从公式（3—1）和公式（3—2）可以看出，任何企业的边际成本等于企业的平均资本成本，等于企业所在属类 $k$ 的资本化率，企业的市场价值与企业的融资方式无关。显然，几乎所有学者都注意到 M—M 理论与现实不符，他们逐步放松 M—M 理论的假设条件，从影响企业资本结构的因素与企业价值的关系，以及企业融资的次序等方面进行了大量的研究。

Modigliani 和 Miller（1963）将企业所得税引入研究模型。由于债务税盾效应的作用，企业价值等于无负债企业的价值与债务税盾产生的收益的加总。所以，在企业所得税的税率不变的情况下，企业债务比例越高，企业的价值也就越大，由此可知，考虑了企业所得税的模型暗含了一个拥有百分之百负债比例的最优资本结构。

## 二　信号传递理论

假定信息在企业经营者和外部投资者之间的分布是不对称的，经营者掌握企业的内部信息，了解企业的真实经营状况和收益情况，而这些信息对外部投资者来说是不公开的。企业资本结构和内部人持股的比例是连接内部经营者与外部投资者的主要信息桥梁，因此，企业内部经营者便会通过向市场传递企业资本结构的信息来实现经营者的报酬最大化。

罗斯（Ross，1977）首次将企业资本结构这个财务指标作为反映企业内部私人信息的重要信号，并通过建立"激励—信号模型"来研究企业价值与"债务—股权比率"之间的相关关系。信号传递理论研究假设企业收益的分配是按照一阶随机控制排序[①]的，企业经营者的收益与企业价值的大小密切相关。在企业正常经营的情况下，随着企业价值的不断增加，企业经营者的收益也会越来越好。如果企业面临着破产的严峻形势，不仅企业经营者的收益会大幅减少，而且经营者个人将遭受破产惩罚，甚至影响其个人在人力资源市场上的声誉和价值。在企业债务水平一定的情况下，与高质量企业相比，低质量企业预期破产的边际成本更高，那么，低质量企业的经营者就不会模仿高质量的企业提高企业的资本结构。在破产惩罚一定的情况下，企业经营者将选择其预期效用最大化时的资本结构。资本结构作为一个

---

① 一阶随机控制排序就是一阶随机占优，如果 $F$ 和 $G$ 是两个不同随机事件的累积分布函数，则 $F$ 一阶随机占优于 $G$，当且仅当，对所有 $x$ 有至少存在一点 $x_n$，使得 $F(x_n) < G(x_n)$。

信息传递信号，影响投资者对企业价值的判断，企业的负债水平越高，企业的运行质量越好，其破产的可能性也就越小；低质量的企业因为破产惩罚的缘故而不能模仿高质量企业发行更多的债务，然而，如果企业资本结构处于较低的水平，则会向外部投资者传递这样的一个信息：企业的运营状况面临严峻形势。因此，企业的资本结构与企业质量、企业价值正相关。海因克尔（Heinkel，1982）在《信息不对称下的资本结构理论》一文中放弃了罗斯关于企业收益按一价随机优势分布的假定，海因克尔假定"较高"质量企业的价值被市场过高评价，所以，企业的债券价值被低估，而企业的股票价值却会被高估。在均衡状态下，"较高"质量的企业会发行更多的债务，"较低"质量的企业发行更多的股票使得其边际收益等于边际损失，从而得出了与罗斯一致的研究结论。利兰德和派尔（Leland and Pyle，1977）认为，如果企业经营者与投资者共同出资投资同一项目，依据资本结构的信息传递理论，企业经营者的投资在总投资中的占比与企业经营者对投资项目的认可度呈正相关关系，企业经营者投资比例越大，表明其对投资的项目越有信心，外部投资者的投资意愿也就越强烈。迈尔斯（Myers，1984）认为，向市场传递公司质量信息的指标主要有两个：一个指标是公司的负债比例；另一个指标是企业的融资次序。且这两个指标会影响企业经营者的融资策略。

中小企业股权与经营权高度融合（田晓霞，2004），企业财务管理规范性较差（罗正英，2003；林毅夫等，2005；全丽萍，2004；韩俊，2009），企业的利润、收益等信息更具有"私人"性质，外部投资者可以预见到中小企业利用"私人"信息强化其采取机会主义行为的动机，因此，越是高质量的中小企业①，越有可能提升企业的负

---

① Rumelt（1991）、Zahra（1995）、Teece（1997）、Ross et al.（1997）、Brennan（2000）及 Goll（2007）等对企业能力与企业绩效之间的关系进行了研究，结果表明，企业的各种能力（企业内部领导者的能力、知识能力、生产能力、营销能力、创新能力）与企业绩效存在正相关的关系。中小企业的能力主要体现为企业主的能力和企业制度的能力（见第四章的解释），因此，中小企业的经营者的管理能力越强，企业财务制度越规范，企业的盈利能力越强，企业价值也就越大。

债水平。管理者持有企业股份的比例越高，越向外部投资者传递企业价值越大的信息（利兰德和派尔，1977），罗正英等（2003，2006，2010）实证研究发现，企业家的个性特征、财富集中度都可视为向资本市场传递的信号。中小企业股权与经营权越是高度融合，外部投资者依据罗斯的"激励—信号"理论判断企业运行质量高低的指导意义就越强。

### 三　优序融资理论

迈尔斯（Myers，1984）、迈尔斯和马伊卢夫（Myers and Majluf，1984）在詹森和麦克林（Jenson and Meckling，1976）、利兰德和派尔（Leland and Pyle，1977）与罗斯（Ross，1977）研究的基础上提出了企业的"优序融资"理论。优序融资理论认为，由于企业经营者与外部投资者之间存在着信息不对称的问题，所以，只有在企业新增融资会大幅度增加企业原有股东的股票价值时，企业才会选择发行新的股票或者债券。

首先，在不考虑融资成本的情况下，如果企业发行股票，那么，企业原有股东的股价值必须满足公式（3—4）的条件：

$$V_{old} = \frac{P}{P + E}(E + S + a + b) \qquad (3—3)$$

$$S + a \leqslant [P/(P + E)](E + S + a + b) \qquad (3—4)$$

其中，公式（3—3）中 $V_{old}$ 为原有股东的股票价值，当企业不发行新的股票时，原有股东的股票市场价值等于 $S + a$；$S$ 为企业现金与短期证券的加总；$a$ 为管理者对资产现值 A 的估计；$P$ 为企业新股发行后原有股东持有股票的市场价值；$E$ 为拟要发行的股票价值；$b$ 为管理者对投资项目净现值 $B$ 的估计。

如果企业通过发行债券为新项目进行融资时，新债券人的所得为 $\Delta D$；如果企业通过增资扩股的方式为新项目筹集资金时，新增股票的价值为 $\Delta E$。因此，只有满足 $b - \Delta D \geqslant 0$ 时，企业的原有股东会选择发行债券；满足 $b - \Delta E \geqslant 0$ 时，企业的原有股东才会通过市场发行新的股票。如果 $\Delta D > \Delta E$，则负债融资所引起的因为投资不足而产生的市场价值损失也就较小，所以，企业在采取债务融资方式下所能获得的市场价值也就较高。

如果企业通过公开市场发行股票的方式为新项目筹集资金，外部投资者将企业的这一行为视为企业对新项目投资不太看好的信号；如果企业通过负债方式为新项目融资，则是向市场传递新项目利好的信号。因此，企业进行股权融资时，企业的股票价格将下跌，企业偏好于债务融资。

另外，当考虑融资成本的情况下，如果企业采用内部留存收益进行直接为新项目进行筹集资金时，企业的融资成本等于零。因此，企业为新项目进行融资时，总是优先选择内源融资，其次才是外源融资，在外源融资当中，又总是先债务，后权益。此后，众多学者通过实证检验验证了优序融资理论（Narayanan，1988；Heinkel and Zech-ner，1990）。Ang（1991）通过对中小企业融资行为的研究对优序融资理论进行了修正：中小企业一般是一股独大，企业的融资结构主要由短期负债融资和内部留存收益融资构成。因此中小企业融资时将首先选择内源融资，然后是所有者的再投资，最后是外源债务融资。中小企业最主要的增长动因是其"独立性"增长和"预期金融回报"，因此中小企业在确定资本结构时可能会担心失去控制权而延缓或放弃选择外源融资的投资增长机会（Davidsson，1989）。

## 四 代理成本理论

对企业资本结构选择的代理成本问题是由詹森和麦克林（Jensen and Meckling，1976）在法玛和米勒（Fama and Miller，1972）的基础上开始的。詹森和麦克林（Jensen and Meckling，1976）认为私人公司或商号仅仅是以合同关系为纽带合法虚构的一种形式，因此企业利益相关者之间存在信息不对称引起的代理问题。代理关系是一种契约合同关系，是指一个人或者多个人（他们是委托人）授权或者聘用另一个人（他们是代理人）来代替自己去完成一些工作，其中，包括授权或者聘用代理人代替自己行使一些决策权。如果委托人和代理人双方都是以效用最大化者为目标的经济主体，那么，代理人在行使代理权时，不会总是或者完全遵从委托人的最大利益。詹森和麦克林分析了企业资本结构选择面临的两种代理关系，一种是与股东和经营者之间的代理，另一种是股东与债权人之间的代理。委托人与代理人之间的利益分歧导致的福利的减少可视为企业的代理成本，代理成本的内容主要包括三类：第一类是委托人的监控成本；第二类是代理人的约束成本；第三类是代理人的剩余损失成本。

当企业的部分剩余索取权卖给外部人时，将产生企业所有权人——经营者①与股东之间的利益冲突。股东与经营者之间所产生的冲突，就会突出表现在经营者需要承担利益冲突中的全部费用或者损失，而只能获得净利润中的少部分，企业经营者也因此就会产生将企业的资源转化为自身利益的动机。股权融资中所发生的代理成本，在数额上是指完全所有制下的企业价值与部分所有制下企业价值之间的差额，一般来说，代理成本主要由经理人承担。如果管理者对企业的绝对投资额不会发生变化，那么，债务比例的增加将会导致管理者股权比例的增加，从而，股权融资的代理成本会出现下降的变化趋势。

由于债务的有限责任效应，股东与债权人的冲突表现在高债务刺激股东改变贷款资金用途，股东将资金投入风险更高的项目。这时，项目投资成功的收益由股东享有，而项目失败的风险则转向债权人。如果债权人能预见这种风险，债权人的风险将由股东代为承担。这种由债券产生并由债券发行者即股东承担的风险成本被称为资产替代效应。债务引致的资产替代效应是债务融资的一种代理成本。詹森和麦克林的研究表明，公司的最优资本结构是由债务代理成本等于债务收益时获得的。

**五　资本结构的权衡理论**

（一）静态权衡理论

引入公司所得税的 M—M 理论，只表明了由于企业负债给企业

---

① 企业所有权人指的是拥有公司剩余索取权的人。詹森和麦克林（Jensen and Meckling）在研究外部股票的代理成本时，比较了两种不同的经理行为，一是拥有公司 100% 剩余索取权的经理行为，另一种是公司卖掉部分企业剩余索取权给外部股东的经理行为。

带来的减税利益，但没有考虑负债增加给企业带来的经营风险。资本结构的静态权衡理论就是针对此问题展开的最初探讨。随着企业负债比例的提高，企业破产概率增加，企业将可能无法按契约规定付息。如果企业通过提高负债比例造成向资本市场传递企业破产可能性的信息，那么，资本市场就会降低对企业市场价值的评估，加剧企业外部融资的困难，这时，企业的利益相关者将会采取更为激进的机会主义自利行为，直至企业破产。如果企业宣布破产，将进一步减少企业的现金流，减少债权人和股东的利益①。因此，企业存在一个最优资本结构，企业的最优资本结构与企业的负债政策有关（Baxter，1970；Bierman and Thomas，1972；Kraus and Litzenberger，1973；Scott，1976；Warner，1977；Haugen and Senbet，1988），取决于企业负债的税盾效应和预期破产成本之间的权衡，处于负债的边际收益与负债的边际成本相等的位置（Robicheck and Myers，1968）。

沿着詹森和麦克林对债权人和股东的冲突而导致的代理成本问题的研究思路，权衡理论认为企业的最优资本结构取决于企业债务收益与债务成本之间的权衡。詹森和麦克林认为债权人和股东之间冲突的起因是股东的有限责任效应刺激股东做出次优的投资决策。由于信誉在一定程度上可缓解资产替代问题（Diamond，1989），所以，股东出于信誉方面的考虑，也会选择相对安全的项目（Hirshleifer and Thakor，1989）。哈里斯和拉维（Harris and Raviv，1990）则从股东与经营者在企业破产与继续经营之间的冲突角度，研究权衡理论对企业最优资本结构决策的影响。他们假定投资者与经营者之间的冲突存在于企业破产和企业可用现金流支付之间的分歧，企业的最优资本结构取决于在高债务水平改进的破产决策收益与高债务导致拖欠而增加的获取与该决策有关额外信息所消耗的调查成本之间的平衡。斯塔尔兹（Stulz，1990）认为，由于企业的资本结构是企业对避免增值项

---

① Stiglitz（1972）的研究表明，假定在一个债券投资者比公司股票投资者对公司更悲观的独立的分割市场中，风险债券比股票的期望收益更高，因此负债水平的提高意味着公司价值的减少。Rubinstein（1973）的研究也证实，在相同的独立市场中，如果债券投资者比公司股票投资者更倾向于风险规避，则负债的增加会减少公司的价值。

目的债务成本和避免投资减值项目的债务收益权衡的结果，所以，企业的最优资本结构取决于投资项目债务融资的成本与收益均衡的临界点。

（二）动态权衡理论

企业资本结构的选择是企业对外部环境、制度、行业、企业特征等因素进行综合而又细致评价的结果，但是，影响资本结构选择的主要因素随着时间的推移而不断发生变化，以致企业资本结构常常发生偏离。动态权衡理论就是建立在资本市场的不完备性的基础上，对静态资本结构理论研究的修正和拓展。动态权衡理论认为，企业存在最优资本结构，但是，企业资本结构的调整受到企业特征、行业特征、制度环境、宏观环境等因素的影响。由于资本市场是不完全的，存在摩擦成本，所以，在企业的实际资本结构远远偏离其所确定的目标资本结构时，并不是所有企业都会调整其资本结构，当然，还是有些企业会调整其资本结构，即使如此，它们的调整速度也存在着较大的差异。所以，企业调整其资本结构的行为取决于调整收益与调整成本的权衡。

# 第三节 产品市场竞争与资本结构之间关系的理论回顾与分析

## 一 产品产量竞争的战略效应与资本结构调整

布兰德和刘易斯（Brander and Lewis，1986）是较早研究产品/投入市场相互作用的资本结构理论的学者之一。他们在《寡头垄断与资本结构：有限责任效应》一文中开创性地研究了企业资本结构与产品市场竞争之间的相关关系。他们基于博弈论构建了一个两阶段的序贯双寡头垄断模型，并运用于分析企业资本结构与产品市场竞争之间的相关关系，研究结论表明，如果市场需求出现了不确定的情形，则企业资本结构会对企业在产品市场上的竞争行为产生战略效应。当企业举债经营时，企业股东对企业经营状况、业绩等仅承担有限责任，因此，其在产品市场上的行为更具有攻击性。在企业经营状况良好的情形下，债权人获得固定利息收入，企业股东的回报则随负债水平的提高而增加；在企业经营比较坏的情形下，企业经营失败甚至破产清算，股东不再关心企业的价值，更高比重的经营风险转由债权人承担。一般来说，由于追求利益最大化的股东对企业的经营风险承担有限责任，其在产品市场具有选择更有攻击性行为的激励，因而其产量也就越大。在1988年的论文中，他们在研究中进一步地引入了破产成本这个变量，深层次地研究了企业负债水平对企业在产品市场上的竞争行为所产生的各种影响。

布兰德和刘易斯（Brander and Lewis）的研究只考虑了短期负债对产品市场竞争行为的影响，并没有考虑长期负债及债务期限结构与产品市场竞争行为之间的关系。Glazer（1994）将企业的长期债务纳入连续进行两阶段的同时行动古诺模型中，得出结论，企业的长期债务与短期债务对企业的战略效应不同，与发行短期债券时相比，企业在发行长期债券时，企业在产品市场上的竞争行为不再具有强势的攻击性和侵略性。如果企业在阶段1期初发行长期债券，且阶段1的利润不足以偿还全部债务，则等到阶段2结束时偿还全部债务。追求收益最大化企业关注于阶段1与阶段2给企业带来的总体收益。另外，企业的扩张性产量策略可能导致竞争对手的攻击性报复，因此，企业尽量减少阶段1的产量，以便降低竞争对手在阶段2的债务水平和进攻性。同时，发行长期债券的企业更容易与其他企业勾结在一起采取合谋的行动，从而弱化企业在产品市场上的竞争强度。Greer（2002）的研究得出不同于Glazer（1992）的研究结论，当产品市场竞争不是采取同时行动的博弈行为，而是采取斯塔克伯格竞争行为时（在这种模型中，包含一个领导者、一个跟随者），则企业的长期债务会对企业产品市场竞争产生很大程度的激化效应。Wanzenried（2000）继承了布兰德和刘易斯（Brander and Lewis）的模型假定，也通过构建了一个需求不确定条件下的两阶段古诺模型，他侧重研究资本结构决策与产品市场特性之间的相关关系。他的研究结论证明，企业的资本结构决策依赖于特定产品市场的特性，并且，企业的负债行为具有很强的战略承诺效应，也就是说，企业的负债行为可以起到强化企业在产品市场上的战略地位的效应。如果将债务发行的成本纳入模型，当债务发行的固定成本为零时，在竞争市场中唯一负债的企业具有战略承诺效应，并且负债对企业是有利可图的。然而，如果博弈中所有参与者都试图通过负债行为进行承诺，就会产生一个协调问题。

## 二　产品价格竞争的战略效应与资本结构调整

Showalter（1995）基于所构建的二阶段双寡头垄断伯川德价格竞争模型，深入分析了资本结构对产品市场竞争行为的影响，并指出企业是否采取战略性负债，既与产品需求的不确定性类型有关，也与产品成本的不确定性类型有关。在产品市场需求出现了不确定性的情况下，企业往往会选择较高水平的均衡价格，并且边际收益水平也会较高，从而，企业将保持一定的战略负债水平。因此，在这种情况下，企业的负债行为具有正的战略效应。在成本不确定的情况下，企业选择较低的均衡价格，边际收益较低，企业将不会举债经营。

Chevalier-Scharfstein（1995）研究了短期债务对产品市场价格竞争的影响。Chevalier-Scharfstein 将企业短期债务纳入一个两阶段双寡头垄断伯川德价格竞争模型，企业在阶段 1 选择企业的资本结构，在阶段 2 进行产品价格决策。在阶段 2 的产品价格决策取决于当前所获取的利润额与所争夺到的市场份额之间的权衡。如果企业想要获取高市场占有率，则必然在产品市场上采取快速渗透战略（低价格高促销），但同时，这会降低企业产品的边际利润，从而使得企业应对市场突变的能力受到抑制，企业破产的风险会有所上升，导致企业价值出现不断下降的变化趋势。因此，企业如果一味地追求当前利润最大化的目标，那么，企业的很多竞争行为就会变得更为短视。当企业改变价格决策时，它会为了向竞争对手传递一种可以置信的承诺，而选择短期债务融资方式，其主要目的是缓和产品市场竞争的激烈程度，提高产品价格。

Dasgupta 和 Timan（1998）将短期的债务及长期的债务共同引入到一个两期连续经营的伯川德寡头垄断竞争模型中，在第一期初始阶段，企业需要同时做出资本结构的决策和价格决策，并且，在第一期期末，企业能够实现全部产品的销售，并回收现金；然后，企业进入第二期决策，在第二期期初，企业为了筹集到足额的新投资，就需要采取债务融资的方式，并制定第二时期的产品价格，同样，在第二期期末，企业能够实现全部产品的销售，并收回现金。他们的研究结果表明，负债企业基于融资成本与预期未来利润贴现率等方面的考虑，将在第一期采取高价格策略，以便获得本期的较高利润并偿还企业的全部负债。一般情形下，高价格意味着高当期利润、低市场份额，这使得企业在第二期的未来利润减少；低价格可能导致高市场份额，高未来利润但会降低企业当期的现金流入，使企业可能陷入不能偿还长短期债务的风险中，因此，企业必须平衡不同时期的收益。

### 三　产品差异化竞争与资本结构调整

在 Chevalier-Scharfstein（1995）与 Dasgupta 和 Timan（1998）研究的基础上，Wanzenried（2003）将差异化产品分别引入到古诺模型和伯川德价格竞争模型中，以深入分析资本结构选择与差异化产品之间的相互关系和彼此影响。当产品需求面临着很大程度的市场不确定性时，如果企业采取债务融资方式，则会使得寡头企业的产量水平提高、价格水平降低；但是，债务融资对企业盈利能力会产生多大程度的影响，取决于产品的差异化程度。对于战略性的替代产品来说，债务融资对企业盈利能力可能会产生负向抑制的影响作用；而对于战略性的互补产品来说，债务融资对企业盈利能力则可能会产生正向提高的影响作用。在企业面临伯川德竞争的情况下，则会出现完全相反的研究结论。此外，Wanzenred（2003）的研究结论还表明，企业所生产的产品的差异化程度与企业的最优债务水平之间呈现"U"形函数关系，也就是说，当企业的产品差异化程度不高时，寡头垄断企业之间的竞争程度会表现得比较激烈，于是，企业就会提高其债务水平，以向竞争对手做出增加产量的承诺；当企业的产品差异化程度很高时，企业如果采取增加产量的决策并付诸实施，企业利润水平也不会出现大幅度下降的变化趋势，因此，企业仍然会采取提高债务水平的行为。在产品差异化程度处于合适的区间内时，企业的最优债务这个财务指标才会达到最低点的水平。同时，Wanzenred（2003）的研究结论还表明，企业产品的替代性越强，寡头垄断企业遭受破产的可能性也就越大，从而，产品市场需求的变化也就越大，企业的最优债务水平也就越高。

# 第四节　本章小结

本章通过对竞争力概念、评价体系、企业同质性/异质性竞争力的理论梳理，提炼出研究企业资本结构调整的理论逻辑起点。企业竞争力是指在竞争性的市场结构中，通过获取或控制战略性资源，提高企业经营者的知识资本和管理技能，以使企业比竞争对手更好地满足消费者需要、创造更高顾客价值和超额企业利润的能力。国内外学者对竞争力评价指标选取存在分歧，但从总体上来说，竞争力评价指标选择方面呈现多维度、系统性、软资源性趋势（张秀娥，2009），指标选择主要包括反映宏观环境和产业环境维度的外部因素与以资源和能力维度为主的企业内部因素，从显性竞争力指标和潜在竞争力指标两方面构建企业竞争力的评价体系。企业同质性/异质性竞争力理论认为，从内容上来说，企业竞争力包括来源于企业内部的资源竞争力、通过资源整合和开发所获得的能力竞争力以及产业结构竞争力，即企业竞争力包括资源竞争力、能力竞争力和结构竞争力三种类型。

本章还对资本结构的理论进行溯源，重点梳理了经典的 M—M 理论、优序融资理论以及信号传递理论，并明确指出资本结构的代理成本理论和权衡理论是企业资本结构调整的重要理论依据。最后从产品/投入市场相互作用的资本结论理论出发，归纳整理了产品市场产量竞争和价格竞争的战略效应、产品差异化与资本结构调整的理论逻辑关系。

# 第四章　中小企业竞争力对资本结构调整的作用机理分析

基于第二章、第三章的分析，本章主要从理论路径分析中小企业竞争力与资本结构调整之间的关系，重点阐释中小企业竞争力对资本结构调整的作用机理。具体有以下三部分内容：（1）分析中小企业结构竞争力与资本结构调整的关系，尤其是阐释中小企业结构竞争力对资本结构调整的作用机理；（2）打开企业"黑箱"，分析中小企业资源竞争力与资本结构调整的关系，尤其是阐释中小企业结构竞争力对资本结构调整的作用机理；（3）从能力竞争力视角，进一步分析中小企业竞争力与资本结构调整之间的关系。

## 第一节　中小企业资本结构的调整：竞争力视角的理论分析

### 一　竞争力是中小企业资本结构调整的重要影响因素

中小企业资本结构的调整不仅是企业财务管理领域的财务决策问题，也是产业组织领域和战略管理领域的竞争力问题。因此，有必要从竞争力的视角，对中小企业资本结构的调整进行理论阐释。虽然学术界对资本结构的界定还存在分歧，但是，无论是资本结构的长期资本组合说，还是资本结构的负债权益组合说，中小企业资本结构的优化都与中小企业在产品竞争市场和要素竞争市场中的战略选择有关，即中小企业资本结构的调整与企业竞争力密切相关。另外，即使两个中小企业具有完全相同的竞争力，因为其竞争力来源不同，其资本结构亦会不同。因此，竞争力在一定程度上是影响中小企业资本结构调整的重要因素。

## 二　竞争力与资本结构调整的研究假设一脉相承

理论研究与实践发展表明，经济学既是竞争力研究的理论基础，亦是阐释资本结构调整的重要理论支撑。竞争力和资本结构作为中小企业经济活动的重要内容，经济学家和管理学家都倾向于运用经济学的理论框架、研究方法和工具进行分析。企业竞争力的市场结构理论学派假设中小企业所拥有的资源是稀缺的，中小企业都是"理性经济人"，以利润最大化为决策目标的经济行为主体，追求企业利润最大化。同样，中小企业资本结构的调整行为的假设也是以利润最大化为目标的经济行为。从经济学研究的视角来看，中小企业资本结构研究与竞争力研究侧重的切入点不同，现有文献对竞争力的研究侧重于以中小企业利润最大化为切入点，而现有文献对资本结构调整的研究侧重于以中小企业价值最大化为切入点。但是，竞争力和资本结构调整的研究假设都建立在主流经济学理论的一般假设（经济行为主体都是理性经济人、都精于算计）基础之上，对竞争力和资本结构的理论分析和统计描述都采用主流经济学的逻辑演绎方法，都设定相关的经济变量来阐释经济行为主体之间的逻辑关系。而从管理学研究的视角来看，现有文献都将中小企业视为异质性的经济行为主体，中小企业培育、提高竞争力的重要目标是获得各类资源、提高充分而又高效利用各类资源的能力，从而实现价值最大化的基本目标。资本结构的调整就是中小企业追求价值最大化的经济行为。在不确定性很大的环境下，中小企业资本结构调整的一条重要标准不是利润最大化，而是企业市场价值最大化；企业资本结构调整的每一个决策，并不是一个唯一的利润最大化的结果，而是众多相互独立分布的结果，因此，最好通过一个主观概率分布来描述。简言之，如果利润结果是一个随机变量，那么，企业利润最大化不再具有经营意义（Modigliani and Miller, 1958）。他们提出，市场价值不仅能反映中小企业自身的偏好，而且还能反映市场上每个投资主体的偏好，用"等价收益类"公司所产生的不确定流的期望的市场资本化率作为对市场的综合反映①。管理学视角的资本结构调整的研究侧重于中小企业对外部环境的适应性，即在一定环境下，中小企业为实现其目标而进行的计划、组织、领导和控制的过程。因此，中小企业竞争力与资本结构调整的研究都遵循不确定性环境下的行为假设，并且应用西蒙的有限理性假设代替经济学的完全理性假设。也就是说，中小企业决策者由于受限于个人所拥有的知识、能力，以及高昂的时间成本，不可能穷尽决策所需要的所有可行方案。因此，现有文献对中小企业竞争力和资本结构调整的研究，大都遵循"理性假设⇨有限理性⇨竞争力⇨资本结构⇨企业价值最大化"的研究思路。

### 三 企业竞争力的性质、来源与资本结构调整

竞争力的性质与企业资本结构的选择。竞争力是一个中小企业在竞争性市场结构中表现出来的持续不断地满足顾客需要的能力。因此，从市场结构理论来看，中小企业可以自由并且独立自主地做出进入、退出市场的决策，完全垄断市场、封闭性市场不在本书的研究范围之内。首先，在竞争性市场中，物质资源、人力资源、财务资源在自由地进入、退出市场时，遵循利益最大化的原则，即市场在资源配置中起决定性的作用。结构竞争力的强弱影响要素市场上资本流动的方向和方式。其次，从满足顾客需要的角度看，企业通过市场细分、目标市场选择和市场定位等市场行为确定要服务的目标市场，所以，顾客是企业对内外部环境分析后的战略选择，如果要不断地满足顾客的需要，中小企业在细分市场上向顾客所提供的产品或者服务，就一定要比竞争对手所提供的产品或者服务要好。因此，竞争力是中小企业所拥有的市场价值的反映和体现，是中小企业在与所有参与交易的市场主体的博弈中所表现出来的一种长期获利能力。这种获利能力是

---

① Modigliani 和 Miller 假设，属于同一"等价收益类"的企业发行的同类股票的收益具有相同的收益率，不同企业的股票收益只存在规模差异。

中小企业获得顾客价值和企业价值的最根本来源。实质上，顾客价值与企业价值相互联系，顾客价值是企业价值实现的基础，并且，从长期来看，顾客价值与企业价值具有同一性。中小企业的价值是所有者权益价值和企业负债价值的加总，所有者权益与负债反映了中小企业资金的来源结构，从而决定了企业的资本结构。再次，中小企业竞争力的强弱决定了其与上下游企业的谈判能力、合作方式（代销、经销和账期），决定了企业的获利能力和自由现金流，从而对中小企业资本结构的调整产生影响。最后，威廉姆森的治理结构理论表明，作为企业资源竞争力重要来源的资产专用性在很大程度上影响着企业的融资行为，不同的资本结构会显著地对企业近期的经营成果产生影响，同时，还会显著地影响到企业股东的最终权益、企业的竞争能力和企业未来的发展命运。因此，中小企业资本结构的调整应与企业当前以及未来以增强核心竞争力为目的的经营管理活动相适应。同时，中小企业竞争力的强弱及其来源的不同将影响企业的融资能力、偿债能力和资本利用能力，影响企业的治理成本和自由现金流，从而影响企业资本结构调整的能力和效率。

## 第二节　中小企业结构竞争力对资本结构调整的作用机理

McGahan 和 Porter（1997）的研究结论表明，企业之间盈利能力差异的19%由企业所属的产业类型决定，32%由企业的竞争定位决定。产业结构效应和定位效应是影响企业盈利能力的重要因素，而盈利能力是企业资本结构调整的重要变量，因此，本书从产业结构的角度来分析中小企业结构竞争力对资本结构调整的影响和作用机理。

裴长洪（2002）认为，从微观层面上来看，企业竞争力与产品竞争力是一对关联性较强但又不完全相同的概念。当企业只生产或者提供一种产品或者服务时，企业竞争力等同于产品竞争力；当企业生产或者提供多种产品或服务时，则企业竞争力是指企业进行多元化经营时所表现出来的竞争能力。波特的结构竞争理论是建立在新古典经济学关于企业同质性的假设基础之上的，企业的竞争力等同于产品的市场竞争力，并且，企业竞争力与其所选择的产业的吸引力密切相关。同质企业竞争力的关键是企业在吸引力强（主要采用可获取的超额利润来反映）的行业中竞争战略的选择。在新古典经济学理论中，企业被视为理性的市场经济主体，被视为追求利润最大化并以此为目标的专业化生产者。企业会根据产品市场价格的变化情况来适时调整生产要素的投入及其组合，以实现利润最大化的目标。事实上，新古典经济学中的相关理论只是深入考察与分析了产品生产过程中的投入与产出之间的数量关系，而没有对企业内部的组织结构及其活动方式等问题进行研究与分析，也即，企业被假设成为了一个"黑箱"。同时，新古典经济学理论告诉我们，价格这只"无形的手"时刻都在协调着经济的运行，价格机制的作用使得市场上产品的需求量与供给量趋于相等，由此决定的价格即为均衡价格。一般来说，在产品价格、市场需求等变量的确定性很强的情况下，企业往往能够做出最优的生产决策，因而，长期来看，企业的超额利润等于零，只能获得正常利润。因此，古典经济学、新古典经济学中的相关理论不考虑企业的内部组织及其对生产率的影响。

市场结构理论学派认为，企业竞争力首先表现为结构竞争力，是同质原子型实体企业提供完全相同产品或者服务时所表现出来的竞争能力，这种竞争力主要来源于分工和专业化。斯密（Smith，1972）认为，劳动分工可以提高劳动生产率、实现产品生产的规模经济（见图4—1），从而，分工是经济增长的根本源泉，这就是斯密定理的主要内容。由此推理，分工是竞争力的重要来源，由分工导致的规模经济，使得同质化企业之间的生产成本存在很大差异，从而同质化企业可以获得低成本竞争优势，实施低成本扩张战略。因此，存在超额利润的产业会吸引更多企业的进入，吸引更多的资本要素投入者（包括股权投资者和债权投资者）；当该产业的超额利润为零时，就再也没有新企业、新的资本要素投入者进入该产业，此时，资本资源的配置效率达到了帕累托最优状态。由此可以推断中小企业的结构竞争强度越大，中小企业所在行业的竞争力也就越弱。企业之间的竞争调节着资本要素的合理流动，改变着企业利益相关者之间博弈的空间，会促进企业向最优治理结构和最优资本结构的方向调整，从而实现价值最大化（见图4—2）。因此，市场结构的竞争强度是企业资本结构调整的一个重要变量。Wanzenried（2003）的研究证实，企业的资本结构决策与产品市场的竞争状况密切相关。进入存在超额利润产业的企业，尤其是具有规模经济和生产成本优势的企业，其市场行为的目标是提高企业的市场占有率，并拥有比其他竞争对手更多的顾客青睐、更好的要素市场供应关系以及更持续的现金收入来源。

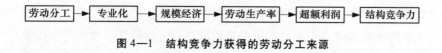

**图4—1　结构竞争力获得的劳动分工来源**

**图4—2　结构竞争力、资本要素流动与资本结构**

## 一　现有竞争者的竞争与资本结构调整

一个产业的竞争状态取决于竞争者、潜在进入者、替代品、顾客和供应商五种基本的竞争力量。这五种竞争力量共同作用的结果决定产业的竞争强度，决定该产业的最终利润潜力。在一个产业中，现有竞争者的数量、竞争者的战略选择、竞争者之间竞争力量的分布状况、产业进入或者退出壁垒、产业生命周期等因素，都会影响产业的竞争强度。产业内现有竞争者的竞争强度影响要素市场上资本的配置方向、劳动力要素的获取难易程度和工资水平；同时，产业竞争强度决定产业的最终利润潜力，影响产业的获利水平，从而影响企业资本结构的调整。产业内企业的技术利用情况也反映其现金流的风险，影响企业资本结构调整的速度（见图4—2）。

产业竞争强度决定产业的吸引力，从而引导要素市场上资本的配置方向，影响资本配置效率。产业竞争强度的高低影响要素市场上资本的流向，从而进一步影响产业内企业的投资能力、偿债能力及企业自由现金流的风险特征。具体而言，竞争者的数目决定产业竞争的激烈程度，企业的结构竞争力越弱，产业的最终利润潜力也就越小，资本流向该产业的可能性也就越低，这会导致产业内企业的融资约束加强，投资能力减弱。如果产业的退出壁垒（包括经济上的、战略上的和感情上的因素）比较多，产业内过剩产能将无法得以释放。因此，在竞争战略中失败的企业，尤其是企业转移或者转换成本较高的专用性资产时，或者因政府出于对失业和区域经济影响的关注而劝阻企业断续经营时，企业就不得不在原有产业继续经营，致使整个产业的利润率保持在较低的水平。特别是中小企业，因为它们为了维持其独立性，就需要获得一种比正常收益率低的投资收益率。处于该产业中的中小企业，因其掌控资源的有限性和规模经济的约束，往往也面临着更强的融资约束，从而其财务结构也就更脆弱。因此，产业内的中小企业更可能受到财务实力雄厚企业的掠夺性行为的进攻，并最终被赶出市场。假设这一知识是被中小企业所识别的，那么，中小企业为保障经营的安全性，将保持更低的资产负债率（财务保守行为）来防御财力实力雄厚竞争者的掠夺行为。

竞争强度对产业投资能力的影响。菲利普斯（Phillips，1995）的研究结论表明，企业的高负债等同于企业未来的低投资。他假定企业与外部融资市场存在信息不对称及代理成本问题，企业负债的增加不仅导致每期现金流支出的增加，还大大提高债务外部融资的成本。因此，企业应该优先选择融资成本低的内部融资方式（留存收益融资）。然而，企业债务利息的定期支付，意味着企业留存收益减少，从而减少了内部融资的数额，继而相当于向市场传递未来降低投资水平的战略信息。竞争对手依此信息，将会采取提高产量或者降低价格等掠夺行为来蚕食企业的市场份额，从而进一步减少企业的当期销售收入，甚至将高负债企业逐出市场。因此，在一个竞争力量和程度较为充分的产业中，高财务杠杆往往会导致以下后果：一是企业的后续投资能力不足；二是企业为应付产品价格战或者营销战而需要承受的财务支付能力严重不足，这两个方面的后果最终会导致企业减少投资，甚至退出该市场。在企业之间所进行的产品市场竞争过程中，必然引起竞争对手发起价格战或者营销战，从而导致企业生产经营的现金流和利润出现不断下降的变化趋势。在这种情况下，财务杠杆高的企业往往会首先，也最容易陷入财务危机的困境，而且，财务危机会引起客户、供应商、债权人等利益相关者为了防范或者规避自身风险，而采取对企业经营会造成雪上加霜情况的行动（Maksimovc and Titman，1991），导致企业销售额的下降和市场份额的萎缩（Opler and Titman，1994），从而，企业的内外融资能力会进一步减弱，企业最终退出市场。因此，企业向目标资本结构调整的可能性、调整的速度受到企业财务困境成本的影响。Titman 和 Tsyplakov（2007）的研究结论表明，在产业内现有企业之间的竞争中陷入财务困境的企业，在债权人和股东利益冲突不严重时，其向目标资本结构调整的速度更快。

由技术决定的产业竞争状况影响产业内企业的现金流风险。从产业均衡的角度来看，一个近似于完全竞争市场中的企业，其所生产产品的同质化程度越高，则产业内每个企业对其价格变动的敏感性也就越低，因此，中小企业之间的竞争更多源于其采用的生产技术。而一项生产技术被采用的企业越多，产业内企业的竞争也就越激烈，产品的价格更多取决于其生产成本，从而，企业的现金流风险也就越低，企业缺乏调整资本结构的激励力。而当产业内有成熟的新技术被引进时，将打破原有的竞争格局，获得了新技术使用权的企业将大大降低产品的生产成本，提升企业的获利能力，提高企业利用留存收益进行融资的概率。另外，如果新技术的使用是以高投入的专用性固定资产为前提，那么，产业内未使用新技术的企业将面临新资产的高额投资和旧资产的加速折旧，企业面临的较高现金流风险和专用性资产的低抵押性都会降低企业的资本结构。在产业竞争强度一定的情况下，中小企业股权相对集中，受外部环境的冲击及金融市场的融资约束都比较大。因此，中小企业更难以从金融中介（如银行等）获得调整资本结构所需要的资金。

战略承诺作为一个对行业竞争特性产生决定性影响的因素，日益受到战略管理学家的重视。行业内企业的战略承诺可视为向市场发出的影响竞争对手们对未来市场预期的信息传递（例如，债券的发行改变内部人及利益相关者的目标，进而影响企业各利益团体的收益函数），进而影响行业的竞争性质。企业资本结构的选择被视为企业向产品市场发出的一项战略承诺，表明企业未来可能采取的竞争行为。

## 二 潜在进入者的威胁与在位厂商的资本结构调整

新进入的企业带来额外的生产力可能威胁到现有竞争者的市场份额，新的竞争对手迫使现有企业提高效率，进入壁垒的高低不仅影响产业内现有竞争者的利润，还影响新进入者进入的模式。Fries 等（1997）的研究结论表明，在一个竞争性的行业中，企业的自由进入和退出都会显著地影响其最优资本结构。

当产业面临较高的进入壁垒时，例如，规模经济，潜在进入企业的产量只有达到一定的数量或投资规模达到于一定额度后才能实现在位企业的规模经济。规模经济将迫使潜在进入企业不得不面临大规模的投资需求和更激烈的市场竞争。中小企业因其自身资金资源的有限，以及金融市场上的融资约束，在一般情况下，中小企业将避开进入产业的战略选择。在位企业视新进入企业为一个理性的经济行为主体，只有进入产业的边际投资收益大于边际投资成本时，企业才会进入相关产业。在这种情况下，产业内现有竞争者将面临非常大的冲击，如果市场需求不变，那么，产业内企业之间的竞争将会严重加剧，市场份额占有率降低，产品毛利率下降，企业经营风险增加。企业利用留存收益进行融资的约束也就越强，更悲观的是，如果银行等金融中介具有产业趋势发展的知识，银行将收缩对产业内企业的资金支持，更有甚者，作为企业的银行出于自身经济利益的考虑，有时会要求经营业绩差的企业提前还款，或者诱导企业还款后不再进行续贷，导致企业破产退出市场。企业能否根据新进入企业的威胁顺利且快速地将资本结构调整到最优水平，既与影响资金供给的市场密切相关，又受资本市场和金融市场的制约（姜付秀等，2008）。当产业的进入壁垒主要是以专利为主时，拟进入产业的企业将面临较高的技术壁垒风险，而在位企业则可享有寡头垄断利润，同时也得到银行等金融中介机构的争夺。因此，这类企业调整资本结构的成本较低。

潜在进入厂商的进入方式影响产业的竞争格局。潜在进入厂商进入一个产业的方式一般有两种：一种方式是垂直一体化；一种方式是直接控股现有产业中的在位厂商。垂直一体化情形将在顾客/供应商与资本结构调整的内容中探讨。如果潜在进入厂商以并购的方式进入产业，则潜在进入厂商将以直接股权注资的方式进入产业，或者通过与现有在位企业新组建一家合资公司的方式参与竞争，在位企业的市场价值得以在资本市场上体现，尤其是对一些未上市的中小企业而言，并购、收购是体现其市场价值的重要方式。潜在厂商的进入也向市场传递该产业的未来高增长、高回报率的信息，由此，产业的平均市盈利也将提高，产业内在位企业的市场价值增加，该产业将会得到更多的股权投资者或者债权投资者的关注。

在位厂商对潜在进入厂商的报复行为增加了在位厂商调整资本结构的可能。Poitevin（1989）分析了资本结构对一个面临潜在厂商进入威胁的在位厂商的市场反应行为。他设定潜在进厂商和在位厂商都是要为相同的项目融资。在位厂商的经营、信息及信誉等优势，采用股权融资方式为新项目筹集资金。然而，潜在进厂商与在位厂商相比，出于信息不对称问题（没有历史的经营信息）的考虑，尤其是低成本进入者为了向市场传达其低成本信息，更具有采用债务融资方式筹集资金的激励。潜在进入厂商的这一行为往往遭到资金实力雄厚的在位企业的"掠夺"。他们往往通过快速渗透策略的方式（低价格高促销）降低产品的边际利润，迫使潜在进入者退出市场。Khanna和 Tice（2000）认为，现有企业所有权高度集中或者负债水平较高时，对潜在进入企业入侵行为反应弱一些，他们不会大量增加投资额；但如果现有企业的高负债水平是由杠杆收购带来的，则会采取侵略性行为。

在位厂商为了应对潜在进入厂商因产能增加带来的产品市场上的竞争，低负债、财务实力较强的在位厂商具有提高债务水平的激励。另外，Poitevin（1989）还假定潜在进入厂商和在位厂商都是要为相同的项目融资时，在位厂商更偏好于股权融资方式为新项目筹集资金；而低成本的新进厂商为了向市场传达新厂商和其低成本的信息，更具有采用债务融资方式筹集资金的激励。因此，一般情况下，在位厂商往往比新进入厂商具有更明显的财务结构优势，在位厂商实施对新进入厂商的掠夺行为是一个最基本的市场反应。但是，如果新进入厂商获得资本市场的支持，将会弱化在位厂商的掠夺行为。同时，现有企业所有权高度集中或者负债水平较高时，对潜在进入企业的侵略行为要弱一些，他们不会大量增加投资额；但是，如果现有企业的高负债水平是由杠杆收购所引致的，则会采取侵略性行为（Khanna and Tice，2000）。

潜在进入厂商导致产业竞争强度的增加，促使在位厂商放宽商业信用，企业的应收账款增加，企业可自由支配的现金流减少，在中小企业权益融资受到约束的情况下，中小企业不得不向银行等金融中介机构寻求帮助，但是，作为独立核算的以利益最大化为基本目标的银行等金融机构理性决策主体，一般会拒绝面临处于资金困境中的中小企业的融资诉求，致使中小企业不得不转向资金风险更高的地下钱庄，高融资成本成为逼迫企业退出市场的重要因素。

### 三　买方需求与资本结构调整

企业竞争力主要表现在持续不断地满足目标顾客需要并获得盈利和发展的能力，因此，满足买方需求确实是企业盈利的必要条件，但是企业能否攫取其为买方创造的价值才是决定企业盈利能力的关键所在。买方力量，也就是说，买方的谈判能力决定了其与厂商创造利益的分配比例。在产业内企业创造价值一定的情况下，买方的谈判能力越强，产业内企业创造的价值也就越有可能以低价的形式向买方转让（Porter，1980）。买方的谈判能力受到购买量占行业总产出的比重、购买产品的总支出占销售方年收入的比重以及顾客转换成本等因素的影响。

首先，在买方与企业的博弈中，随着买方谈判能力的增强，产业内企业的盈利能力将逐渐削弱；其次，产业内企业盈利能力的降低也会引起在位企业竞争的加剧，进一步激励财务能力雄厚企业的掠夺行为。因此，买方谈判能力强，买方将获得产业内企业创造价值的比重就越大，产业的最终潜在利润率也就越低，企业现金流的风险会增加，产业内企业出于自身经营安全的考虑，将采取保守的财务行为。同理，低获利能力会导致企业经营收入的减少，影响企业的投资能力，从而影响企业资本结构的调整。如果买方谈判能力较弱，情况则正好相反。

在产业结构的竞争强度主要由买方力量决定的情况下，买方谈判能力的增强不仅通过价值分成比例影响企业资本结构的优化，而且还通过与企业签订的契约类型影响资本结构的调整。谈判能力越强的买方可以通过将契约由经销改为压批或者代销，或者延长付款期限，或者附加不利于企业的附加条款等形式进一步降低产业企业的竞争能力，再加上中小企业在金融市场上的高额摩擦成本，使得企业无力调整企业资本结构。蒂特曼（Titman，1984）的研究结果发现，当资本结构已经确定时，股东与债券持有人在清算问题上的立场不同，股东永远不希望清算，如果企业面临破产时，企业的清算可能将成本强加于其客户或者供应商，因此，企业在一般情况下不会做出清算的选择和决策，只有在所估计的清算净收益大于施加在客户身上的成本时，企业才会做出清算的选择。同时，在一般情况下，企业不会拖欠相关款项，只有在所能获得的清算净收益大于给客户所造成的损失时，企业才会做出拖欠款项的选择。一般来说，以独特或者非耐久产品为例，一个厂家停业所施加于客户的成本比那些非耐久产品或者由多家厂家生产产品的成本要高。

产业结构的竞争强度也影响企业将在多大程度上损失掉为买方创造的价值，买方价值的损失将导致买方用户的流失，流失率的提高，将恶化企业的经营状况。买方的满意度（实际感知价值不小于期望值）与企业资本结构调整密切相关①。买方对厂商产品质量的识别情况也会影响企业资本结构的调整。蒂特曼（Titman，1984）在研究资本结构与非财务相关者的关系时表明，如果顾客在购买厂商的产品之前不能辨别产品质量的优劣，例如，购买者无法区别有机蔬菜、无公害蔬菜和绿色蔬菜与普通蔬菜的差异，甚至是在购买食用后都无法辨识，在位厂商采用较低的负债率。Makshivic 和 Titman（1991）研究了资本结构如何影响企业产品质量的决策问题。他假设消费者只在消费之后才能识别质量，如果企业能够从提供给消费者高质量的产品中建立并维持优质厂家的信誉，那么，在正常经营情况下，企业的最优决策是生产优质产品。但是，企业生产优质产品的动力会随着企业濒临破产、信誉丧失而减弱。因此，在其他条件相同时，如果客户对产品质量的认知取决于体验，产品质量由高转向低的企业会保持较低的债务量。

### 四 供应商与资本结构调整

波特在《竞争优势》中曾这样表述供方力量对产业结构竞争状况的影响：供方的力量决定了在何种程度上为买方创造的价值被供方所占有，而不是被生产厂商所占有。因此，供方力量对产业结构竞争的影响体现在如何在供应商、顾客和厂商之间分配生产厂商创造的价值。供方的力量即供方的谈判能力，与供方的市场集中度、供方产品的替代性、供方产品在厂商中的重要性以及供方前向一体化的能力等因素有关。在由供方、厂商和买方构成的产业链中，如果供方的力量较强，则整个产业链将由供方支配，并决定整条产业链的产成品的定价权，相应地决定了厂商所在产业的盈利能力，从而影响厂商资本结

---

① 顾客满意度影响资本结构调整的关系还不能确定。因为，顾客满意度越高，表明企业比竞争对手更好地满足顾客的需要，那么，企业的经营收入将增加，可支配的现金流增加，企业调整资本结构的可能性就越大，顾客满意与资本结构调整正相关。但从令顾客满意影响企业创造价值分配的角度分析，顾客满意度提高，顾客分享的产品价值也就越高，企业的盈利能力就会降低，经营收入和可支配的现金流也就越少，顾客满意与资本结构调整负相关。

构的调整。

供方力量的大小影响供需双方的贸易契约环境。与买方和产业内厂商的契约类似，如果供方力量较强，供方与厂商签订拥有更长付款期限的契约，从而压缩厂商创造产品价值的分配空间。假如，在位厂商的买方力量较强，在位厂商将面临产业链上下游两方共同力量的挤压，产业盈利能力被压到最低，在位厂商因为有限责任效应而不断提高企业的负债水平，其目的是将在位厂商的经营风险尽可能多地转移给债权人。如果在位厂商是中小企业，其在产业中的竞争地位较低，且面临较高的金融市场摩擦成本，因此，在位厂商将无力调整资本结构而逐步退出市场。如果厂商的力量在产业链中起决定性作用，在现有厂商竞争力量不变的情况下，供应商和顾客对在位厂商的威胁相对较小，产业的长期盈利能力主要取决于在位厂商。Delannay（2002）实证研究了零售商的贸易信贷对产品市场竞争的效应。他认为，供应商延长还款期限对零售商债务会产生两种影响：一种是消极影响，即供应商延长还款期限将增加零售商的负债比例，降低零售商的预期利润，从而减少零售商的销售数量；另一种影响是积极影响，即负债有限责任效应的存在，供应商还款期限越长，零售商为增强企业的竞争地位，提高企业的销量，通常会采取更激进的进攻性营销策略。

资本结构影响企业与供应商的讨价还价能力。Sarig（1988）认为，企业举债经营时，因为有限责任效应，企业通常采取更具攻击性的市场行为，因为，高负债企业与低负债企业相比，在与供应商交易中处于更强势的谈判地位，所以，企业倾向于更高的债务水平。另外，在股东与债权人谈判的过程中，如果谈判失败，则股东从中所获取的收益与其所承担的费用之间往往会出现不匹配的情形。如果谈判失败，债权人会承担更多的谈判费用；如果谈判成功，而债权人只能获得很少一部分固定利益。因此，在股东与供应商谈判失败时，债权人在一定程度上为股东提供了保险。在位厂商杠杆的增加提高了这种保险的程度，而这又会进一步增强股东在与供应者的谈判中的威力。因此，如果仅从资本结构影响企业讨价还价能力的角度来分析，企业应该会选择更高的债务水平。

### 五 替代品与资本结构调整

从经济学的角度来说，替代品是指能给消费者带来同种效应、需求交叉价格弹性大于零的商品，一种替代品价格的上升将引起另一种替代品需求的增加，替代品的价格与需求之间呈反方向的变动关系。替代品不仅决定了其他商品在何种程度上满足了买方的需求，而且决定了买方在购买在位厂商生产的产品时所愿意支付的最高价格。替代品对产业结构的影响主要来源于替代的经济性，即替代品和在位厂商产品的相对成本价格和相对价值的变化，买方对价值感知、转换成本及替代欲望的变化都会影响产业的获利能力。

如果替代品和在位厂商产品的相对成本发生了变化，那么，这种变化将通过"成本⇨价格⇨价值"的转移路径将部分相对成本转移给厂商和顾客，使得在位厂商的利润率发生变化，从而影响在位厂商的获利能力。因为，一种商品的替代品往往不仅来自于本产业中的其他品类的产品，而且也可能来自其他产业的产品，所以，在位厂商利润率的变化可能是受威胁的产业与替代品产业抗争的结果。随着替代品不断得到买方的认可，买方对替代品的感知价值不断提高，替代品将蚕食受威胁产业的市场份额，降低在位厂商的盈利能力。因此，在替代品的力量比较强大时，在位厂商为了削弱替代品对本产业的掠夺威胁，将加大投资，采用能快速降低在位厂商生产成本的技术，或者率先采取降低价格等措施来提升顾客的让渡价值，增加买方对本产业产品的满意度；或者受威胁产业提高买方的转化成本，降低顾客的流失率。在位厂商的这些行为都付出"支出增加，盈利能力下降"的代价，因此，在位厂商要调整资本结构以降低替代品产业对本产业的冲击。

# 第三节 中小企业资源竞争力对资本
# 结构调整的作用机理

在企业同质性假设下，产业组织理论认为市场结构是企业间的利润差距的决定因素，并运用"结构—行为—绩效"的研究范式来解释企业长期利润的来源。产业组织理论在分析企业的竞争力时较多地关注行业的市场结构，而忽略企业在应对外部一般环境和行业环境时所表现出来的能力差异。然而，作为贝恩（Bain，1968）、波特（Porter，1979，1980，1985）所提出的产业组织理论的重要补充的资源理论，却将企业视为异质性组织。贝恩（1968）的产业组织理论认为，影响企业绩效的决定因素是企业所在的产业。而以资源为基础的战略理论则认为，造成企业绩效产生差异的原因主要来自于企业内部。鲁梅尔特（Rumelt，1982）的研究结论表明，企业所获得的超额利润，并不能完全用产业结构（这种产业结构由现有竞争者、潜在进入者、买方、供方、替代品五种力量所决定）的竞争强度来解释，而可以用企业自身所拥有的异质性资源来解释。因此，以资源为基础的战略管理理论不是对产业组织理论的替代，而是有益的补充。以资源为基础的战略管理理论认为，任何一个组织是拥有独特资源和能力的组合体。企业拥有价值高、稀缺性大、不可复制性、难以被模仿的资源是企业竞争能力的重要来源，而这些独特的能给企业带来持续竞争优势的资源就是企业的战略资源。战略资源所具有的最典型特征就是资产的专用性，而资产专用性与产品市场的竞争具有路径依赖性。企业资产的专用性是企业产品市场竞争的逻辑选择，产品市场竞争越激烈，企业也就越趋向于通过降低成本、改善产品的质量或者提供差异化的产品的方式来进入更有吸引力的细分市场。企业资产的专用性程度与产品的差异化密切正相关，因为，不可替代的专用性资产，大都是难以模仿的无形资产和专用性强的固定资产，在企业面临清算时，它们的价值将会大幅贬值，这会影响企业的融资结构。所以，企业的资产专用性越强，企业的竞争能力也就越强，企业也就越有可能通过股权融资来调整企业的资本结构（见图4—3）。

图4—3 资源、竞争力与资本结构决策

## 一 企业资源的内涵

国内外学者对企业资源的定义主要是从企业投入产出过程、企业所有权和控制权、创造企业竞争优势和价值等角度进行界定。格兰特（Grant，1991）将企业资源定义为企业生产过程中的投入物，包括企业的物质资源、人力资源、财务资源和技术资源、商誉和品牌等各种资源。Daft（1983）、巴尼（Barney，1991）、Amit 和 Schoemaker（1993）认为，企业资源不仅包括企业自身拥有的资源，还包括企业可以控制的资源，具体而言，企业资源包括企业的所有资产（厂房、设备、土地、原材料和产成品等）、财务资源、人力资源、信息与知识资源、技术资源、组织资源、声誉和品牌资源以及社会关系资源等。沃纳菲尔特（Wernerfelt，1984）在提出资源基础理论时，明确指出企业资源是为企业创造竞争优势和价值的一切资源，包括在资产负债表中无法体现的品牌、声誉、信息和人力等无形资源，也包括在财务报表中可以查看的固定资产和流动资产资源。

虽然不同学者对企业资源内涵界定的角度不同，但大部分的学者认可企业资源是企业在向社会提供产品或服务过程中所拥有或控制的各类要素及其要素组合。特别指出的是，企业可以拥有使用权或控制权而不具有所有权的合作资源和公共资源，同样是属于企业资源的范畴。

## 二 企业资源与竞争力的关系

在形成企业竞争力的过程中，并非企业所拥有的全部内部资源都在发挥着同等重要的作用。从资源基础理论的角度来分析，在企业运用资源的能力相同的情况下，处于同一产业内企业所拥有的同质化资源，不能为企业带来比竞争对手更高的边际利润。因此，企业竞争力只与企业所拥有的异质化资源有关。巴尼（Barney，1991）认为，企业拥有和控制的有价值的、稀缺的、难以模仿且不可替代的异质资源，才是企业竞争优势的主要来源。企业的异质性资源即是企业的战略性资源，具有高度的资产专用特性，具有高价值性、强稀缺性、难以模仿性和不可替代性等特点。企业的无形资源，如专利权、商标、品牌、声誉、信息、数据资料、网络以及文化等，都是难以被竞争对手复制或者替代的稀有资源，是企业实施产品差异化战略的重要资产，也是企业长期连续投资的成果。但是，这些具有较强专用性资产性质的无形资产，很难被外部的利益相关者所理解和评估；与一般有形资产相比，这些无形资产也很难在企业的利益相关者之间重新配置。能给企业带来竞争优势的另一类专用性资产是专用性生产非常强的固定资产，与无形资产不同，专用性固定资产的资产价值易于评估，在企业没有遭遇破产清算时，具有可抵押性的特点。

拥有高价值性、强稀缺性、难以模仿性和不可替代性专用性资产的企业可以创造超额利润和价值，专用性资产丰厚的回报可以为战略资源的投资和开发奠定基础。

### 三　战略资源、竞争能力与资本结构调整

威廉姆森（1971）的资产专业性理论认为，资产专业性是指资产在不牺牲生产价值的前提下能够被不同的使用者用于不同用途的程度。具体而言，专有性资产是公司为获取一定竞争优势而进行的耐久性投资，专用性资产作为一种特定资产，一旦形成，就会被锁定在一种特定形态上，若再作他用，其价值就会贬值。也就是说，企业所拥有的专用性资产不能无成本地被运用到其他领域，呈现出"路径依赖"特征。Klein 等（1978）以专用性准租金来衡量企业资产专用性的大小。准租金是指资产用于最优用途上所获得的价值与用于次优用途上所获得的价值之差。Klein 等（1978）这样描述了专用性资产的可挤占准租金：假定某资产拥有者将某一资产租给另一个人，那么，

这个资产的准租金就是该资产的残值与资产价值之差。这里的残值是指该资产用于次优用途上的价值。潜在的准租金，如果存在的话，是指资产价值与该资产用于次优用途上所获得的价值之差，即专用性可挤占准租金是准租金的一部分。实质上，如果不考虑利润因素，准租金的获得就意味着对沉没成本的收回，因此，资产的专用性越强，可挤占性准租金也就越大。专用性资产的投资方一旦进行交易，就会由于这种资产对交易一方的专用性而产生卖方垄断，或者买方垄断，或者双头垄断。从而影响这种资产用于次优用途上所获得的价值，产生一种套牢效应或者锁定效应。因此，从交易成本经济学的角度来分析，专用性资产的投资与企业最小治理成本有关。

（一）企业资源、交易成本与交易规制

交易成本经济理论从交易的不确定性、交易重复的频率以及交易对象的资产专用性程度这三个基本方面来研究合约关系的规制。交易的不确定性主要由三种原因造成：第一种原因是影响交易的外部因素的随机性所带来的不确定性；第二种原因是由于交易双方之间的信息不对称所产生的不确定性；第三种原因是由于交易双方的机会主义行为而引起的行为不确定性。交易的频率改变交易的信息分布和交易成本，从而改变治理结构。交易的专用性是指专用性资产的交易。威廉姆森认为，市场规则是对于具有数次性缔约活动（购买标准设备）和经常性缔约活动（购买标准材料）的非专用性资产最有效的治理结构。

威廉姆森将企业的负债和权益视为企业的不同治理结构，而资产专用性特征影响企业股权与债权两种融资方式的选择，从而影响着企业资本结构的调整（见图4—4）。资产特性用 $k$ 来表示，当 $k = 0$ 时，则该资产是通用性资源；当 $k > 0$ 时，则该资产是具有资产专用性的资源。假设交易双方都有动力来开展持续经营，并保证他们的投资。如果，当企业投资于一般用途技术的资源时，因为不存在可挤占的准租金，所以，企业倾向于采用市场规制、向银行申请贷款等方式来融资；当企业投资的资产属于专用性资源时，则企业有强大的动力去抢占可挤占的准租金，同时，因为专用性资产具有隐蔽性的特点，使得资产的使用会产生套牢效应或者锁定效应，这会激励交易双方都采取机会主义行为，增加双方的交易成本。Chi（1994）的研究结论表明，公司投资的战略资源不仅会形成模仿障碍，降低生产成本，提高企业产品的差异化程度，还会造成交易双方的道德风险和逆向选择的机会主义行为，从而导致交易成本的大幅上升。此外，较高专用性的资产因具有不可替代性、不可模仿性以及较高的交易成本等特点，使得其难以在企业间流动。因此，具有很强专用性的资产不可能通过市场交易来获得，即使可以通过市场交易来获得，也要付出高额的交易成本，这时，专用性资产的交易将退出市场，内化于统一所有权下的组织。正如图4—4表明的，企业专用性资产投资刺激交易双方对可挤占准租金的抢夺，提高企业市场交易成本，激励企业改变治理结构，将投资活动内化于企业组织内部，从而提高企业的竞争能力，提高企业资本结构调整的能力和速度。

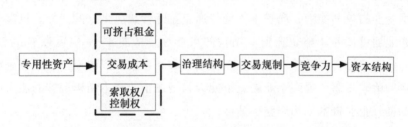

**图4—4 专用性资产、竞争力对资本结构调整的作用机理**

（二）专用性资产的索取权、控制权与资本结构调整

企业资金提供者与企业之间通过债务融资和权益融资而产生的契约关系，内含了资金提供者对企业的收益权和索取权。在企业持续良好经营的情况下，债权人拥有企业现金流的优先索取权。在企业经营不当的情况下，因为不能按照契约正常付息还款时，债权人就可以按照法律程序申请企业破产清算，这时，企业的控制权将会被转移给债权人。因为，只有低专用性资产才具有较高的清算价值，所以，债权人倾向于投资于经营状况良好且具有较高清算价值的企业。同样，经营状况良好且具有较多低专用性资产的企业往往通过债权来调整企业

的资本结构。在企业经营状况良好的情况下，权益投资者拥有企业的控制权和剩余索取权（与经营状况无关）。因此，在企业经营状况良好的情况下，拥有专用性资产越多的企业，其产品生产的成本也就可能越低，产品的差异化程度可能越高，成长机会也就越多，企业潜在的盈利能力也就越高。Mang（1998）的研究结论证实了这一观点，适应于公司战略和技术的专用性资产有助于企业竞争力的提高、财务结构的改善，从而激发企业通过股权投资于专用性资产的方式来调整、优化企业的资本结构。

在企业经营状况不好的情况下，产品市场竞争激烈，企业的盈利能力下降，这时，企业为了改变竞争状况，提高企业的投资报酬率，倾向于投资于专用性较高的资产。因此，无论企业的经营状况如何，由于控制权和剩余索取权一致性的制度要求，拥有较多专用性资产的企业，一方面通过权益融资方式投资专用性资产降低企业的资本结构，另一方面，专用性资产的投资将提高企业产品的差异化水平，提高企业的盈利能力，向资本市场传递企业经营状况良好的信号，提高企业通过债务调整企业资本结构的可能性。从图4—4中可以看出，企业专用性资产的投资影响企业控制权和剩余索取权的安排，改变企业的治理规制，提高企业的竞争能力，增加企业资本结构调整的能力和提升企业资本结构调整的速度。

Long 和 Malitz（1983）的研究结论表明，企业的贷款水平与企业广告、研发的投资比率之间存在着显著的负相关关系，与企业非专用性资产的投资比率之间却存在着明显的正相关关系。威廉姆森将公司的无形资产与成长机会的价值，界定为公司负债、股票的市场价值与公司有形资产的重置成本之间的差额，并且，无形资产与成长机会的价值越高，企业的借款水平越低。因此，企业的资本结构与公司所拥有的资产类型密切相关。

企业的异质性不仅表现在企业所拥有的资源和能力，而且表现在不同资本要素投资方式所揭示出来的企业治理结构和企业竞争力的差异。企业竞争力开发、培育和发展的战略要求，影响企业获取资源的类型和数量，影响企业取得这些资源的融资方式和企业的资本结构。

企业拥有的专用性资产越多，企业的竞争能力也就越强，企业的盈利能力也就越强，企业就越有能力调整企业的资本结构。企业最优资本结构是企业价值最大化的资本结构，因此，专用性资产越多的企业向最优资本结构调整的速度也就越快。如果产品市场竞争越激烈，市场细分程度也就越高，企业投资于专用性资产以实现差异化竞争的动机也就越强烈；另外，产品市场竞争的激烈程度与产业内企业的平均报酬率有关，产品市场竞争越激烈，产业内企业的平均报酬率也就越低，产业内的企业也就越有可能通过专用性资产的投资来确定其在产业中的竞争地位。由此，资产专用性、产品市场竞争、企业竞争能力与资本结构之间存在着密不可分的联系。

# 第四节　中小企业能力竞争力对资本结构调整的作用机理

企业竞争力不仅来源于企业所在的产业结构竞争力，来源于因拥有专用性资产而获得的资源竞争力，还包括获取资源、转换资源的能力，甚至有学者将企业的本质看作是"能力的集合体"（Prahalad and Hamel，1990）。以资源为基础的竞争力理论与以能力为基础的竞争力理论都从企业内部因素来解释企业竞争力。只不过，以资源为基础的竞争力理论侧重于从企业拥有的资源，尤其是专用性和异质性资源来理解企业竞争力的来源，而以能力为基础的竞争力理论则将企业看作适应外部环境的"能力的集合体"，能力竞争力是解释两个处于同一产业，拥有完全相同资源的企业的生产成本、产品质量以及运营效率差异的重要变量。能力影响企业组织资源的获取及转换效率，影响组织资源的配置能否达到帕累托最优状态，影响企业竞争力的提高、盈利能力和发展能力的提升，影响企业资本结构的调整和价值最大化的实现。

## 一　企业能力的内涵及其与竞争力的关系

Selznick（1957）在研究管理过程中的领导行为时，最早发现了

"能力"这种"特殊物质",他将这种"特殊物质"视为一个企业比其他企业更好地适应外部环境的特殊能力。此后,能力理论得到了许多学者的关注(Penrose, 1959; Richardson, 1972; Prahalad and Hamel, 1990; Chankler, 1992; Hall, 1993; Meyer and Utterback, 1993; Patel and Pavitt, 1994; Colllis, 1995; Teece and Risano, 1997; Nelson and Winter, 2002)。理论界和企业界将企业的能力分为动态能力、核心能力、组织能力、流程能力和制度能力等。其中,动态能力是从企业适应外部环境的角度来分析企业的竞争力,表明企业能力随着环境变化不断调整,动态能力影响企业的长期盈利水平;组织能力、流程协调和再造能力则是从企业价值链的基本活动的角度研究企业能力竞争力的来源;核心能力和制度能力则是从企业价值链中支持性活动的角度研究企业能力竞争力的来源。企业核心能力和制度能力不仅为企业获取组织能力、流程协调和再造能力提供保障,还是企业依据外部环境调整这两项能力的能力来源。

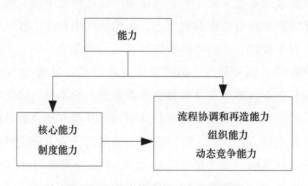

**图4—5　能力构成及其之间的关系**

(一)企业家能力和企业制度能力

核心能力的概念是普拉哈拉德和哈默尔(Prahalad and Hamel, 1990)在"The Core Competence of Corporation"一文中首先提出的,他将企业视为"能力的集合体",企业的核心能力是企业特有的积累性学识,是企业在长期发展过程中形成的,具有过程性、完整性和不明确性等特征关于如何协调多种生产技能和有机结合多种技术流派的学识。从普拉哈拉德和哈默尔对核心能力的定义上来分析，核心能力首先表现为"积累性的学识"，其次表现为技术上的"协调"和"有机整合"的能力。因此，核心能力是技术和知识的结合。Mery 和 Utterback（1993）认为，核心能力是企业研究与开发、生产制造和市场营销等方面的能力。Patel 和 Pavitt（1994）认为，核心技术能力就是核心竞争力。Sanchez 和 Heene（1997）从核心能力的基础上提出，能力是协同组织内各种资源的知识，能力即是知识资本。中小企业所拥有的"积累性学识"、"知识"、"协调"、"有机整合"能力，主要通过企业家来体现，因此，企业家的能力是中小企业的核心驱动能力之一。

马国建、梅强（2002）在探源中小企业核心竞争力时，在分析了理论界关于中小企业核心竞争力的几种理论基础上，提出了具有规则性本质和资源整合性特点的企业制度才是有效地降低交易成本、提升企业持续盈利能力的核心能力。诺思认为，制度是人为设计的、型塑人们互动关系的所有约束。它规定了什么样的行为在何种条件下是被鼓励的，什么样的行为是被禁止的，因此，制度的目的是通过建立一套稳定的结构来减少不确定性，从而影响经济绩效。参照诺思的制度理论，本书将企业制度界定为一个企业的博弈规则，是企业设计的、型塑企业行为的约束。一般来讲，企业制度包括企业产权制度、企业组织制度和企业管理制度。从整体的运营效率角度分析，企业制度是影响中小企业经济绩效的关键因素，是确定企业经营范围，确保企业价值不断提升的能力。企业制度建设好的企业，通过降低交易成本来调节生产和交换等经济行为的绩效往往也比较高，企业价值最大化的实现往往比较容易。

（二）流程协调和再造能力、组织能力、动态竞争能力

基于流程的企业能力主要包括两种：一是 Stalk 等（1992）所提出的流程协调能力和流程管理能力；二是 Hammer 和 Champy（1993）首创的流程再造能力。流程协调能力和流程管理能力不仅涉及企业创造价值的基本活动（包括内部后勤、生产经营、外部后勤、市场销售及售后服务），还包括产业链的上游供应商和下游顾客的整体规

划，主要分析企业如何协调产业链的各个环节，建立何种合作机制提升企业所在产业链的运营效率；分析企业必须发展和退出哪些创造价值的活动才能比竞争对手更出色地创造企业的竞争优势。企业的组织能力是指企业利用物质资源和人力资源的生产能力、营销能力和管理技能（Chandler，1992）。企业动态竞争能力主要是指为适应企业内在成长的动态需要和对外部环境变化做出响应的能力。彭罗斯（Penrose，1959）认为知识积累和企业的可能性边界扩张主要来自于企业所拥有的"整合、构建和重置公司内外部能力，以适应快速环境变化的能力"（Teece et al.，1997），显然，企业流程协调能力和再造能力、组织能力和企业动态竞争能力的开发和利用都是以企业相关"积累性学识"和"知识"为基础，且这些能力的开发需要企业制度的保障和支持。

企业的核心能力和企业制度是其他一切能力的源泉和保障，因此，本书选择核心能力和企业制度作为企业能力竞争力的代理变量。但对于中小企业来说，与大企业相比，其面临的市场竞争更加激烈，所占的市场份额也较小，要么选择聚焦战略在细分市场中提供差异化的产品，要么选择为大企业做配套服务。小企业无论在资源的获取能力方面，还是在能力的开发方面都处于劣势，且中小企业的股权高度集中于企业创始人之手，中小企业能力竞争力开发的方向由以企业为载体的核心能力开发转向以企业主为载体的各种能力开发，中小企业核心能力表现为企业主的能力。因此，本书以企业主的能力代替企业的核心能力，用来作为中小企业能力竞争力的分析指标。

## 二　企业主能力与资本结构调整

Hambrick 和 Mason（1984）的高层梯队理论认为，高层管理者的特征影响企业的战略选择，从而影响企业绩效。中小企业的企业主是企业的最高层管理者，企业主的年龄、受教育程度、从业经历、管理经验、社会关系以及信仰等个人特征影响企业的决策。从影响企业决策质量的角度来看，企业主的特征差异本质上是企业主特征差异表现出的能力差异，因此，企业主能力的差异是影响企业决策的重要变量。

决策的质量取决于决策者所掌握的信息和决策者的能力。资本结构调整本身是一项专业的技能，更需要决策者具备相关的专业知识和能力。影响资本结构调整的因素（包括企业特征、企业的治理结构、企业管理团队、产业结构、制度环境和经济环境等）复杂，涉及多学科（经济学、管理学、财务管理学、金融学、产业组织经济学及制度经济学等）领域的专业知识。一个具备相关专业知识背景的企业主有利于企业资本结构向最优资本结构的方向调整。Graham 等（2013）的研究结论表明，拥有长期财务管理方面职业经历的 CEO，对资本市场的了解更深入，也更具备条件进行资本结构的调整。因此，中小企业主的受教育程度越高，从业的职业经历越长，年龄越大，中小企业也就越有条件进行资本结构的调整。周业安等（2012）的实证研究结论发现，公司高管的个人特征显著影响公司资本结构的调整。姜付秀、黄继承（2013）也开始关注企业管理者的特征对资本结构决策的影响。他们以发生 CEO 变更事件的中国上市公司为研究样本，研究结论表明，具有财务经历的 CEO 的公司不仅负债水平显著提高，而且资本结构的调整速度也更快。

企业主的信用、社会关系与企业主的能力之间存在显著的正相关关系。由于金融行业政策的扭曲，中小企业信贷约束较为严重，中小企业"融资难、融资贵"问题一直困扰着中小企业的健康发展。企业主的社会关系可以拓宽企业的融资渠道，提高企业获得信贷的可能性。另外，在关系型借贷中，企业主的个人状况对中小企业的信用评级有着密切关系，银行在决定是否给中小企业发放贷款时，往往将中小企业的企业主、管理者与银行建立的关系作为重要依据。

此外，企业长期现金流与企业家和企业经营者的技能有关。企业家技能的信息不易被外部市场识别，具有较强的隐蔽性。Goswami 等（1995）对不对称信息下的债务融资研究结论发现，企业家的技能通过企业获取的长期现金流影响信息不对称的时间维度，从而影响企业债务融资方式的选择。

### 三 企业制度与资本结构调整

理论界对企业产权结构的定义存在两种主流的观点。一种观点认为，企业产权结构是指对企业财产的使用权、占有权、支配权和转让权的关系和构成结构；另一种观点认为，企业产权结构是指企业的剩余索取权和控制权的关系及构成结构。虽然理论界对企业产权结构的定义存在分歧，但企业产权制度是降低企业经营活动不确定性，降低交易成本，提升企业资源配置效率的规则。规则是要求人们在特定情境下应当采取或者不应当采取行动的具体规定，规则没有酌情处理的余地。企业的产权制度的好坏直接影响企业的运营效率，合理的产权制度安排不仅会增强企业的运营效率，还会提高企业的组织能力和适应外部环境变化的动态能力，从而影响企业资本结构的调整效率。

规范的公司法人治理结构由相互制衡的股东大会、董事会、经理层和监事会组成，这种制度安排能够最大限度地保障企业内部人员（内部股东、经理和员工）和企业外部利益相关者（债权人、顾客、供应商、政府和社会公众）的利益，减少内部人的机会主义行为，最小化代理成本，从而降低债权人的投资风险。威廉姆森认为，企业的债权和股权本身就代表了企业的一种治理结构，企业治理结构的安排就是对企业资本结构的选择。

企业的组织管理制度是界定企业内部各种活动之间关系的规范和准则，包括生产管理制度、营销管理制度、财务管理制度、人力资源管理制度、信息管理制度，等等。这些制度的制定和实施的目的是提高企业的专业化分工水平，提高劳动生产率；规范每个员工的行为，让资源和人在恰当的时间处于合适的位置，降低组织的协调成本，保证企业运行的效率。

无论是企业的产权制度，还是企业的治理制度和企业组织管理制度，都可以从降低行为主体和企业运行的不确定性，从而减少企业的交易成本和提升企业运行效率的角度来解释其对企业资本结构调整所产生的影响。

# 第五节　本章小结

企业竞争力是指在一个竞争市场中，企业通过提供产品或服务，持续不断地满足目标顾客需要并获得盈利和发展的能力。本章首先从竞争力与资本结构的学科渊源、研究假设和竞争力性质的角度，分析企业竞争力是资本结构调整的重要视角。然后，以企业竞争力影响企业交易成本、运营能力、现金流约束风险、盈利能力为主线，分别阐释与分析结构竞争力、资源竞争力、能力竞争力对资本结构调整的作用机理（见图4—6）。产业结构、企业资源和企业能力构成了企业竞争力的三大来源。产业结构中现有竞争者的竞争，潜在进入者的进入，顾客和供应商的一体化行为以及替代品的威胁影响产业的竞争强度，决定产业的最终潜在盈利能力。产业竞争强度不高，产业盈利潜力较大，在位厂商有能力进行资本结构的调整。产业竞争越激烈，在位厂商遭到财务实力雄厚的现有竞争者和潜在进入者掠夺性进攻就越强，导致在位厂商的两种反应：一种反应是在位厂商为防止竞争行为导致的破产而采取保守的财务行为；另一种反应是依据债务的有限责任效应，在位厂商提高企业的资本结构，在位厂商的资本结构调整行为与产业竞争有关。产业结构的竞争强度通过影响资本要素的流动及企业战略的选择决定企业的长期盈利能力，从而进一步影响企业资本结构的选择，资本结构的调整预期、调整成本和调整速度。产业结构竞争力是将产业内的企业视为同质化的生产单位，以资源和能力为基础的竞争力理论打开企业的"黑箱"，企业的竞争力不仅来自于产业结构，而且与企业拥有的异质性资源和能力有关。企业异质性的资源是指具有高价值性、强稀缺性、不可复制性和不可替代性的专用性资产，专用性资产的交易特性通过交易成本影响企业资本结构的调整。中小企业的能力竞争力主要体现在企业主的能力和企业制度，企业主的知识特征、经验以及社会关系与资本结构的调整密切相关。而企业制度作为型塑企业行为的约束，减少了企业内每个行为主体的不确定性，降低了企业的交易成本，有利于提升企业的运行效率从而调整企业的资本结构。

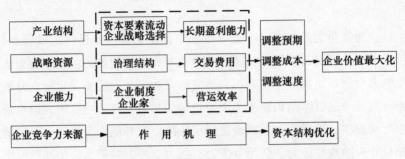

图 4—6　企业竞争力的来源及其对资本结构调整的作用机理

# 第五章 中小企业资本结构现状

## ——对山东省中小企业的问卷分析

在前述文献综述、相关基础理论回顾与分析、中小企业竞争力对资本结构调整的作用机理分析的基础上，本章开始以山东省中小企业为例，基于对山东省中小企业的调查问卷数据，对山东省中小企业的资本结构现状进行详细的统计描述和分析。

## 第一节 调查情况与样本特征

### 一 调查的基本情况

本书的调查问卷设计是在韩俊（2004）关于"中国农村中小企业调查问卷"的基础上，遵循问卷设计的系统性、科学性、严谨性和方便性原则，经过研究假设、探索研究、前期测试、试调查等过程逐步形成、完善。本次调查研究的问卷发放工作得到了山东省中小企业局的大力支持，在山东省中小企业局的帮助下，发放前测问卷10份，回收有效前测问卷10份，发放试测问卷20份，回收有效试测问卷15份。前测、试测后，通过与相关专家、山东中小企业局的相关负责人和中小企业代表进行集体讨论，确定将中小企业账务负责人作为本次中小企业市场调查的调查对象，并且最终形成本次市场调查的正式问卷。

在正式调查阶段，山东省中小企业局选择了山东省的济南市、莱芜市、日照市、泰安市、威海市、潍坊市、烟台市、淄博市、滨州市、德州市、菏泽市、东营市、枣庄市 13 个地区作为调查地区。这 13 个地区的中小企业已经成为促进就业、转变经济发展方式的中坚力量。调查问卷共发放 186 份，回收的调查问卷 143 份，通过复审的有效问卷 138 份，其中，济南市 11 份、莱芜市 10 份、日照市 10 份、泰安市 10 份、威海市 10 份、潍坊市 13 份、烟台市 10 份、淄博市 11 份、滨州市 10 份、德州市 10 份、菏泽市 8 份、东营市 11 份、枣庄市 14 份。调查问卷涵盖五个部分内容，分别是中小企业基本情况、经营状况、资金来源、信贷关系、企业主及企业财务管理状况，共 76 个调查问题。

## 二 样本特征

表 5—1 列举了通过复审的 138 家有效样本中小企业的基本特征。

在 138 家样本中小企业中，只有 45 家样本中小企业的经营年限在 10 年以上，占样本总数的 32.61%；67 家样本中小企业的经营年限在 5—10 年之间，占样本总数的 48.55%，只有 26 家样本中小企业的经营年限在 5 年以内，占样本总数的 18.84%。这表明，80% 多的中小企业的经营年限在 5 年以上。从中小企业注册资本的规模来看，近 1/3 的样本中小企业的注册资本在 2000 万元以上，近一半（46.38%）的样本中小企业的注册资本在 500 万—2000 万元之间，23.19% 的样本中小企业的注册资本在 500 万元以下。

在样本企业的登记类型中，登记为有限责任公司的中小企业 86 家，占样本总数的 62.32%，此类中小企业数量最多；登记为私营企业的中小企业 21 家，占样本总数的 15.22%；登记为股份有限公司的中小企业 18 家，占样本总数的 13.05%；还有部分样本中小企业登记为股份合作企业（5 家）、国有企业（2 家）、集体企业（1 家）、外商投资企业和港澳台商投资企业（5 家）等。从中小企业的生产经营来看，样本中小企业的行业分布较为广泛，但仍然以制造业为主，从事制造业的中小企业为 95 家，占样本总数的 68.84%；从事服务业的中小企业 22 家，占样本总数的 15.94%；从事农林牧渔业的中小企业 10 家，占样本总数的 7.25%；从事采矿业的中小企业 2 家，从事建筑业的中小企业 1 家，从事其他产业的中小企业 8 家。

表 5—1　　　　　　　　　　样本中小企业的特征

| 样本特征 | | 中小企业数（家） | 所占比重（%） | 样本特征 | | 中小企业数（家） | 所占比重（%） |
|---|---|---|---|---|---|---|---|
| 经营年限 | 0—5 年（含 5 年） | 26 | 18.84 | 注册资本 | 0—100 万元（含 100 万元） | 10 | 7.25 |
| | 5—10 年（含 10 年） | 67 | 48.55 | | 100 万—500 万元（含 500 万元） | 22 | 15.94 |
| | 10 年以上 | 45 | 32.61 | | 500 万—2000 万元（含 2000 万元） | 64 | 46.38 |
| 登记类型 | 有限责任公司 | 86 | 62.32 | | 2000 万元以上 | 42 | 30.43 |
| | 股份有限公司 | 18 | 13.05 | 发展阶段 | 起步阶段 | 5 | 3.61 |
| | 私营企业 | 21 | 15.22 | | 成长阶段 | 38 | 27.54 |
| | 国有企业 | 2 | 1.45 | | 稳定运行阶段 | 32 | 23.19 |
| | 股份合作企业 | 5 | 3.62 | | 规模扩张阶段 | 36 | 26.09 |
| | 集体企业 | 1 | 0.72 | | 产业升级阶段 | 27 | 19.57 |
| | 其他 | 5 | 3.62 | | 业务萎缩和转产阶段 | 0 | 0.00 |
| 所属行业 | 农林牧渔业 | 10 | 7.25 | 从业人员 | 10 人以下 | 2 | 1.45 |
| | 制造业 | 95 | 68.84 | | 11—50 人 | 16 | 11.59 |
| | 采矿业 | 2 | 1.45 | | 51—100 人 | 25 | 18.12 |
| | 建筑业 | 1 | 0.72 | | 101—200 人 | 38 | 27.54 |
| | 服务业 | 22 | 15.94 | | 201—500 | 44 | 31.88 |
| | 其他 | 8 | 5.80 | | 500 人以上 | 13 | 9.42 |

注：①农民专业合作社注册资本、资产规模区间范围的分界点按照上限在内的原则来确定。②企业登记类型中的其他，是指联营企业、外商投资企业、港澳台商投资企业等。③所属行业中的服务业主要包括信息传输和计算机服务以及软件业、批发和零售业、住宿和餐饮业等行业。

从中小企业所处的发展阶段来看，在 138 家样本中小企业中，38 家处于成长阶段，占样本总数的 27.54%；32 家处于稳定运行阶段，占样本总数的 23.19%；36 家处于规模扩张阶段，占样本总数的 26.09%；27 家处于产业升级阶段，占样本总数的 19.57%；只有 5 家处于起步阶段，占样本总数的 3.61%。这表明，山东省中小企业的发展状态良好。从中小企业的从业人员规模来看，68.84%的中小企业的从业人员在 100 人以上，其中，从业人员在 200 人以上的中小企业 57 家，占样本总数的 41.3%；从业人员为 51—100 人的中小企业 25 家，占样本总数的 18.12%；只有 2 家中小企业的从业人员在 10 人以下，只占样本总数的 1.45%。

# 第二节　中小企业资本结构的现状分析

### 一　中小企业资产负债率偏低，资本结构不合理

从资产负债率、流动负债占负债总额的比重、流动比率来看，山东省中小企业的资本结构不合理。样本中小企业的资产负债率虽然由 2009 年的 39.92% 上升到 2012 年的 44.46%，四年间只上升了 4.54 个百分点，且每年的资产负债率都低于 45%（见表 5—2）。根据相关资料和研究，2007—2009 年，中国大型企业的资产负债率分别为 68.54%、64.42% 和 67.79%（李洁，2011）。显然，与大型企业的资产负债率相比，样本中小企业的资产负债率明显偏低，大型企业最高的资产负债率（68.54%）要比样本中小企业最低的资产负债率（39.92%）高出 28.62 个百分点。样本中小企业在 2009 年、2010 年、2011 年、2012 年流动负债占负债总额的比重分别为 96.51%、92.38%、93.74%、91.94%。2007—2009 年，中国大型企业流动负债占负债总额的比重分别为 65.69%、66.79% 和 65.32%（李洁，2011），与此相比，样本中小企业流动负债占负债总额的比重明显偏高。而且，在 138 家样本企业中，90 家中小企业的负债总额中只有流动负债，占样本总数的 65.38%。这表明，相较于长期负债，中小企业的流动负债一直占据绝对优势，中小企业对短期资金的依赖度很高。其中的原因可能是，由于国内外市场波动性和不确定性太大，中小企业规模不大，生产经营的稳定性较差，导致一些季节性、突发性因素对中小企业生产经营的影响很大，由此，多数中小企业的资金需求往往表现出了"数量小、次数多"等特征，资金需求的时效性很强且主要为短期用途。

表5—2　　　　中小企业资本结构情况（2009—2012 年）

| 资本结构指标 | 2009 年 | 2010 年 | 2011 年 | 2012 年 |
|---|---|---|---|---|
| 资产负债率（%） | 39.92 | 43.66 | 44.09 | 44.46 |
| 流动负债占负债总额比重（%） | 96.51 | 92.38 | 93.74 | 91.94 |
| 流动比率 | 2.27 | 2.16 | 2.08 | 1.96 |

注：①资产负债率 =（负债总额/资产总额）×100%；②流动比率 = 流动资产总额/流动负债总额。

从流动比率来看，2009—2012 年，样本中小企业的流动比率分别为 2.27、2.16、2.08、1.96，明显偏高。2007—2009 年，中国大型企业的流动比率分别为 0.89、0.86 和 0.87（李洁，2011）。样本中小企业的流动比率偏高，这表明，中小企业资产的流动性较强，但流动资产占用过多，会影响中小企业经营资金的周转率和获利能力。

资产负债率偏低反映出来的问题是：（1）企业资金来源渠道较为狭窄，外部融资较为困难，负债经营能力弱小，未能最大程度地利用财务杠杆；（2）资本结构不合理。138 家中小企业的有效调查问卷统计数据表明，97 家中小企业初始资金来源全部为自有资本，占样本总数的 70.29%，初始资金来源结构单一。41 家中小企业初始资金来源结构多元化，资金来源渠道有自有资金、银行及信用社贷款、政府扶持资金、民间借贷资金等，但是，自有资金在初始资金总额中的所占比重仍然较高，大部分中小企业的自有资金所占比重在 75% 以上；外部资金来源渠道中，以银行及信用社贷款为主。

**二　中小企业资本结构呈现明显的相对稳定性特征，调整弹性小**

资本结构调整是企业资本结构决策的重要内容，并且，随着经济社会发展环境不确定性日益增长，资本结构调整的必要性和重要性也日益凸显，调整弹性的要求也日益提高。所谓资本结构调整弹性是指随着企业外部环境和内部财务目标的变化，企业资本结构做出适应性调整的能力和空间（林俐，2013），主要表现为企业适时调整资产负债结构、负债结构、流动比率的速度和数量，以接近于目标资本结构。如果企业资本结构对外部环境和企业财务目标变化的敏感性越强，则企业资本结构的调整弹性也就越大，企业资产负债率就会呈现明显、大幅度的波动性变化；反之，企业资本结构的调整弹性也就越小，企业资产负债率就会呈现明显的相对稳定性特征。

表5—2 中的调查统计数据显示，2009—2012 年，样本中小企业的资产负债率、流动负债占负债总额比重、流动比率均呈现出小幅波动的态势，4 年间，资产负债率上升了 4.54 个百分点，流动负债占负债总额比重下降了 4.57 个百分点，流动比率下降了 0.31 个百分点。这表明，样本中小企业的资本结构呈现出了明显的相对稳定性特征，调整弹性小。但是，这种明显的相对稳定性并不意味着资本结构不能进行调整。中小企业资本结构调整弹性小，受到了多种因素的影响。其中的一个重要影响因素是中小企业缺乏畅通性的债务融资渠道和多样性的金融工具，导致权益资本所占比重过高。资本结构弹性理论告诉我们，权益资金的获得是一份具有较强灵活性的股权契约，债务资金的获得是一份灵活性较差的债务契约，也即权益资金的弹性要大于债务资金的弹性，债务资金的获得难度大于权益资金的获得难度，这会导致中小企业获取资金权益性路径的单一性。所以，以股权融资为主的中小企业的资本结构的调整速度，要快于以债权融资为主的中小企业（Lööf，2003）。

中小企业资本结构调整弹性小的影响因素还有国家融资制度和融资传统、国家的宏观经济形势、企业规模、企业盈利性和成长机遇等。良好的融资制度和融资传统能显著地降低资本结构调整的交易成本；融资制度不健全、缺乏良好融资传统的国家，中小企业资本结构调整的速度较低（Öztekin and Flannery，2012）。当一个国家或者地区的宏观经济处于繁荣阶段时，中小企业资本结构的调整速度更快（Cook and Tang，2010）。具体来说，经济环境与宏观政策的波动会改变企业所面临的融资环境（包括权益融资环境和信贷融资环境），从而对资本结构产生动态调整影响；在外生的宏观冲击下，大型企业、中小企业的资本结构调整行为存在差异，因为中小企业在信贷市场上的竞争力较弱，对信贷成本的关注度相对较高，从而导致其信贷资源的可获得性较低，其向目标资本结构调整的速度更慢（甄红线和梁超等，2014）。高成长性的企业因为能够紧紧抓住市场给予的历史发展机遇，从而能更加敏捷地改变融资组合，从而对资本结构进行动态调整（Drobetz and Wanzenried，2006）。

### 三 资金短缺和融资难是制约中小企业发展的最主要因素

近年来，山东省中小企业蓬勃发展，在国民经济发展中的地位日益提高，经济实力日益增强，但在其生产经营中仍面临诸多问题，例如，生产成本日益攀升、国内外市场萎缩、资金短缺和融资难、政府扶持政策力度不够、公司治理结构不合理、税费负担过重，等等。其中，最突出的问题是资金短缺、融资难，这是制约农村中小企业发展的首要因素。在中小企业回答"企业发展面临的最主要制约因素是什么"问题的 138 家有效调查问卷中，105 家中小企业认为是资金短缺、融资难（见表 5—3）。

表 5—3　　　　　　中小企业发展面临的主要制约因素

| 主要制约因素 | 中小企业数（家） | 所占比重（%） |
| --- | --- | --- |
| 资金短缺、融资难 | 105 | 76.09 |
| 技术力量不足 | 46 | 33.33 |
| 市场空间不大 | 18 | 13.04 |
| 信息获得困难 | 10 | 7.25 |
| 政府行政干预 | 2 | 1.45 |
| 税收负担 | 67 | 48.55 |
| 技工人员约束 | 21 | 15.22 |
| 其他 | 5 | 3.62 |

显然，"资金不足"是制约中小企业发展的首要因素和最主要的外部环境因素，资金缺口很大，广大中小企业仍苦于找不到充足

资金来支持企业的快速、健康和可持续发展。在 138 份有效调查问卷中，81 家中小企业的发展资金（用于扩大再生产和经营）需求量在 500 万元以上，占样本总数的 58.70%；43 家中小企业的发展资金需求量在 100 万—500 万元，占样本总数的 31.16%；只有 8 家中小企业不缺发展资金。36 家中小企业的日常流动资金（用于维持正常生产经营）需求量在 500 万元以上，占样本总数的 26.09%；78 家中小企业的日常流动资金需求量在 100 万—500 万元，占样本总数的 56.52%；有 12 家中小企业不缺日常流动资金（见表 5—4）。对比分析发现，中小企业发展资金需求量明显高于日常流动资金需求量，这表明，相较于日常流动资金的需求，中小企业更需要发展资金，发展资金的缺口很大。

表 5—4　　中小企业发展资金需求量和日常流动资金需求量情况

| 企业发展资金需求量（万元） | 中小企业数（家） | 所占比重（%） | 企业日常流动资金需求量（万元） | 中小企业数（家） | 所占比重（%） |
|---|---|---|---|---|---|
| 不缺发展资金 | 8 | 5.80 | 不缺流动资金 | 12 | 8.70 |
| 小于 50 万元 | 3 | 2.17 | 小于 50 万元 | 3 | 2.17 |
| 50 万—100 万元 | 3 | 2.17 | 50 万—100 万元 | 9 | 6.52 |
| 100 万—200 万元 | 6 | 4.35 | 100 万—200 万元 | 18 | 13.04 |
| 200 万—300 万元 | 10 | 7.25 | 200 万—300 万元 | 35 | 25.36 |
| 200 万—500 万元 | 27 | 19.56 | 200 万—500 万元 | 25 | 18.12 |
| 500 万元以上 | 81 | 58.70 | 500 万元以上 | 36 | 26.09 |

注：企业发展资金需求量、日常流动资金需求量的区间范围的分界点按照上限在内的原则来确定。

## 四　国内外经济金融背景下中小企业的融资困境

值得关注的是，受国际金融危机影响，在后金融危机时期，因国内外经济、贸易环境的变化以及国家宏观调控政策的出台及其调整，中小企业面临许多新出现的情况和问题，这使得"融资难"这个"老大难"问题更是难上加难，长期以来困扰中小企业发展的融资难问题不仅没有得到改善，甚至还有所加剧，出现了新的融资困境。

（1）在国际金融危机影响下，后金融危机时期，一些中小企业的订单仍然处于减少状态，销售额缩减，盈利能力受到抑制，导致资金更为短缺，还款能力下降。而在危机面前，金融机构尤其是商业银行的风险管理意识和能力会明显增强，此时它们必然会通过压缩信贷规模来控制风险，以致中小企业融资更难。

（2）许多行业产品、原材料、能源价格波动较大，以致中小企业的资产减值损失较大，资产质量下降，主要表现在"存货跌价准备"和"坏账准备金"提取的大幅增加。因受宏观调控政策影响，房地产和资本市场处于低迷状态。上述两方面都会使中小企业用于融资的担保物价值大幅缩水，变现能力减弱，导致其融资能力下降，融资困难加大。

（3）在国家"调结构、促转型"的宏观调控背景下，2010年以来中国人民银行实行适度宽松的货币政策（2009年为极度宽松货币政策），信贷政策也随之开始收紧，新增信贷规模开始收缩，银行的放贷规模被限制，资金紧缩效应开始显现，这在一定程度上恶化了中小企业的融资环境，进一步加剧了中小企业的融资难题。一方面，在新增信贷额度受限情况下，银行为获取更大利润会调整信贷投放的行业和客户结构，采取"保大压小"[①] 行为，这在一定程度上会挤占中小企业信贷，导致农村中小企业申请贷款的难度增加。另一方面，在信贷额度受控背景下，有些银行可能会借此提升信贷的议价能力，提高中小企业贷款利率，而这将会直接增加农村中小企业的融资成本，加重其融资难题。

（4）经济发展方式转变和低碳经济发展倒逼和引领中小企业加快技术创新、产品结构调整和产业升级，导致中小企业形成对技术创新、产品结构调整和产业升级启动资金和发展性资金的大量需求，持续完善和增加符合低碳经济要求的新的设备投入和技术投

---

① "保大压小"是指在信贷总量或者新增信贷受到控制的情况下，银行尤其商业银行出于风险收益对比和留住大型企业客户的考虑，压缩中小企业贷款，维持或者增加大型企业贷款。一般来说，信贷限额控制引发的这种银行"保大压小"行为，会使得中小企业成为国家信贷紧缩政策的主要对象。

人，这使得企业资金缺口扩大，财务负担和压力加重，融资困难加大。在当前，资金不足、融资渠道狭窄、企业遭遇融资"碳标准"已成为制约中小企业技术创新、产品结构调整和产业升级的重要因素。对样本中小企业负责人的访谈结果显示，大部分中小企业负责人认为，缺乏资金是技术创新的最主要障碍，而且中小企业技术创新的开展主要是依赖自筹资金，融资渠道过于狭窄，技术创新资金主要来源于自筹途径，银行商业贷款和政策性贷款、风险投资基金、政府的财政补贴和支持奖励等给予中小企业技术创新的资金支持严重不足。再之，在国家大力鼓励和支持发展低碳经济的宏观背景下，大多数商业银行等金融机构都制定了关于支持低碳项目和企业融资、限制高碳项目和企业融资的制度和办法，并以此作为发放贷款的标准之一，这使得中小企业尤其是低碳企业获得贷款的市场准入门槛和难度大大提高。

（5）在目前国际国内经济金融形势更加复杂多变的宏观背景下，再加之国家宏观调控政策变化较大，使得中小企业发展的不确定性增强，这将加大中小企业的发展困难、运行风险，加剧其信用风险，恶化其融资资质，降低中小企业的信贷可得性。因为，外部环境、税收和金融管制环境等宏观因素会对中小企业的信贷可得性产生重要影响。对资本管制的改变和较严格的银行监管政策是中小企业信贷约束的重要原因之一，金融管制环境可通过约束银行结构来影响中小企业的信贷可得性（Peek, Joe and Rosengren, 1995）；金融管制环境也是制约银行中小企业信贷业务创新的首要因素（Beck, et al., 2008）。同时，在不确定增强的情况下，银行选择信贷对象的偏好会增强。在调查中，我们了解到，在国际金融危机和经济不景气的阶段，银行更倾向于为以下三类中小企业提供贷款：一是产品技术含量相对较高、产品市场需求稳定、未来发展前景较好的企业；二是经营正常、现金流比较稳定的企业；三是处于核心企业上下游供应链的企业。

### 五　中小企业的融资途径及其意愿偏好选择

一般来说，中小企业的资金来源有内源融资、外源融资（包括直接融资、间接融资）和政府金融支持①三种途径，融资方式呈现多元化发展趋势。近年来，随着中小企业的不断发展壮大、融资需求的日益增大以及国家宏观调控政策的干预，为中小企业服务的各种新的金融工具、金融产品和金融组织也不断涌现，但银行商业信贷等间接融资仍然是中小企业的主要融资途径和主要融资途径意愿偏好，样本中小企业融资主要依靠银行商业信贷、内源融资和民间借贷（见表5—5）。138 份有效调查问卷统计结果显示，在中小企业资金的实际来源和构成上，108 家中小企业（占样本总数的 78.26%）主要依靠银行商业信贷，其中，92 家中小企业（占样本总数的 66.67%）将此作为主要融资途径。虽然 122 家中小企业（占样本总数的88.41%）主要依靠民间借贷，是中小企业的重要融资途径，但是，只有 22 家中小企业（只占样本总数的 15.94%）将此作为主要融资途径。只有 7 家中小企业（占样本总数的 5.07%）是依靠发行股票和企业债券，其中，只有 1 家中小企业以此作为主要融资途径。

在当前已经获得银行贷款的中小企业中，120 家中小企业（占样本总数的有 86.96%）主要是从商业银行、农村信用社获得商业贷款。在企业融资途径选择的意愿偏好上，银行商业信贷依然是首选，中小企业在回答"当前企业是否准备从银行、信用社等正规金融机构贷款"问题时，83 家中小企业（占样本总数的 60.14%）选择了"是"答案；企业在回答"今后企业最有可能进一步拓展的三个融资途径"问题时，118 家中小企业（占样本总数的 85.51%）选择了银

---

①　内源融资包括企业自有资金、企业内部职工集资、创业投资、风险投资以及企业开设后积累的资金等来源。间接融资是指以银行、信用社等金融机构为中介的融资，包括各种商业和政策性的短期贷款、中长期贷款等。直接融资是指以股票和债券形式公开向社会募集资金以及通过向租赁公司办理融资租赁的方式融通资金。政府金融支持是指政府为中小企业发展提供的各种直接金融支持（如设立中小企业技术创新基金、中小企业发展基金等）和间接金融支持（如政府出台的金融政策）。

行商业信贷，其中，89 家中小企业（占样本总数的 64.49%）将此作为可进一步拓展的主要融资途径。而对于发行股票和企业债券融资等直接融资途径，选择作为可进一步拓展的主要融资途径只有 2 家，仅占样本总数的 1.45%。

表 5—5    中小企业当前的融资途径和可进一步拓展的融资途径

| | 企业当前的融资途径 | | | | 企业可进一步拓展的融资途径 | | | |
|---|---|---|---|---|---|---|---|---|
| | 主要融资途径 | | 融资途径 | | 主要的拓展融资途径 | | 拓展融资途径 | |
| | 中小企业数（家） | 所占比重（%） | 中小企业数（家） | 所占比重（%） | 中小企业数（家） | 所占比重（%） | 中小企业数（家） | 所占比重（%） |
| 银行商业信贷 | 92 | 66.67 | 108 | 78.26 | 89 | 64.49 | 118 | 85.51 |
| 银行政策性贷款 | 5 | 3.62 | 36 | 26.07 | 14 | 10.14 | 71 | 51.45 |
| 内源融资 | 7 | 5.07 | 81 | 58.70 | 19 | 13.77 | 83 | 60.14 |
| 应付账款 | 5 | 3.62 | 46 | 33.33 | 5 | 3.62 | 34 | 24.64 |
| 发行股票和企业债券 | 1 | 0.72 | 7 | 5.07 | 2 | 1.45 | 21 | 15.22 |
| 民间借贷 | 22 | 15.94 | 122 | 88.41 | 5 | 3.62 | 35 | 25.36 |
| 其他途径 | 7 | 5.07 | 16 | 11.59 | 5 | 3.62 | 21 | 15.22 |

注：本次调查中的内源融资主要包括创业投资或者风险资金、其他企业或者个人入股资金、企业内部职工集资；民间借贷主要包括民间一般借贷（不含高利贷）、高利贷和其他单位借款三种途径。

可见，样本中小企业融资表现出较高程度的银行商业信贷依赖和强烈的银行商业信贷愿意偏好，缺乏外部股权融资途径和政府强有力的金融支持，中小企业融资面临着错综复杂的融资途径结构性矛盾[①]。这主要表现在：（1）直接融资与间接融资的结构性矛盾，直接融资严重不足 1%，间接融资比例高达 99% 多。（2）债务性融资与权益性融资的结构性矛盾，权益性融资不足 6%，债务性融资比例高达90% 多。（3）正规信贷融资与非正规信贷融资的结构性矛盾。（4）银

————————

① 主要以企业当前融资途径中的主要融资途径来分析。

行商业信贷融资与银行政策性贷款融资的结构性矛盾。（5）市场化服务融资与政府金融支持的结构性矛盾。而这种过度集中的实际融资途径选择和融资意愿偏好将会进一步加剧中小企业的融资困境和融资途径结构性矛盾。其主要原因有：（1）严重依赖于银行商业信贷，会增加企业融资的借款成本，恶化其财务状况，同时也会加剧其资本结构的失衡。（2）严重依赖于银行商业信贷，会导致中小企业直接融资功能的弱化，造成其对国有商业银行和信用社等金融机构融资的长期依赖，形成路径依赖。（3）近年来的银行业市场化改革，使国有商业银行、农信社等金融机构的网点陆续从县域撤并，从业人员精简①；部分农村地区金融机构也逐渐将信贷业务转向城市，县域金融资源严重外溢；再加之新型农村金融机构数量严重不足，这些都致使基层金融机构的信贷机制萎缩，能够为农村地区中小企业提供融资服务的金融机构网点、从业人员和信贷资源都严重不足，部分农村还出现了金融服务空白②，严重恶化了农村地区中小企业的金融服务环境和融资环境。这实际上反映了农村地区中小企业融资存在着这样一种金融组织机构的结构性矛盾：作为金融资源最大拥有者的国有商业银行的"退出"压力与中小金融机构数量严重不足、金融资源短缺的矛盾。

# 第三节　本章小结

本章重点对山东省中小企业资本结构的现状进行了基于 138 份有

---

① 2007 年末，全国县域金融机构的网点数为 12.4 万个，比 2004 年减少 9811 个。县域四家大型商业银行机构的网点数为 2.6 万个，比 2004 年减少 6743 个；金融从业人员 43.8 万人，比 2004 年减少 3.8 万人。县域农村信用社县域网点数为 5.2 万个，比 2004 年减少 9087 个。数据来源于：中国人民银行农村金融服务研究小组：《中国农村金融服务报告》，中国金融出版社，2008 年 9 月。

② 据银监会统计，截至 2009 年末，全国只是共核准 172 家新型农村金融机构开业，其中村镇银行 148 家、贷款公司 8 家和农村资金互助社 16 家。截至 2009 年 6 月末，全国仍有 2945 个乡镇没有银行业金融机构营业网点，分布在 27 个省（区、市），其中西部地区占 80.37%；其中有 708 个乡镇没有任何金融服务，分布在 20 个省（区、市）。数据来源于：http://www.cbrc.gov.cn，2009 年 10 月 20 日，2010 年 2 月 26 日。

效调查问卷数据的统计分析，分析结果表明，中小企业资产负债率偏低，这导致两大问题：一是企业资金来源渠道较为狭窄，外部融资较为困难，负债经营能力弱小，未能最大程度地利用财务杠杆；二是资本结构不合理。样本中小企业的资本结构呈现出了明显的相对稳定性特征，调整弹性小；但是，这种明显的相对稳定性并不意味着资本结构不能进行调整。"资金不足和融资难"是制约中小企业发展的首要因素和最主要的外部环境因素，资金缺口很大，广大中小企业仍苦于找不到充足资金来支持企业的快速、健康和可持续发展。值得关注的是，在后金融危机时期，中小企业"融资难"这个"老大难"问题更是难上加难，长期以来困扰中小企业发展的"融资难"问题不仅没有得到改善，甚至还有所加剧，出现了新的融资困境。从中小企业的融资途径及其意愿偏好选择来看，银行商业信贷等间接融资仍然是中小企业的主要融资途径和主要融资途径意愿偏好，中小企业融资主要依靠银行商业信贷、内源融资和民间借贷。

# 第六章　中小企业竞争力对资本
# 结构调整的作用机理
## ——基于动态非平衡面板数据模型的实证研究

　　在上述理论分析和统计描述性分析的基础上，本章基于对山东省中小企业的调查问卷数据，构建动态非平衡面板数据模型对山东省中小企业竞争力作用于资本结构调整的机理进行深刻的实证检验与分析。

## 第一节　理论假说与变量设置

### 一　理论假说

　　国内外大量研究结论表明，企业的资本结构与一国或者地区的制度环境、宏观经济形势、企业特征、竞争力状况等因素密切相关，这些因素对企业资本结构的调整产生不同程度的影响。在中国，自改革开放以来，国内生产总值快速增长，战略性新兴产业不断发展壮大，转变经济发展方式的步伐不断加快。由此，中小企业面临着良好的发展机遇和广阔的发展空间，但是，也不得不面对着大量的突发的不确定性。同时，随着银行体制改革的不断深入，银行之间的竞争日益激烈，银行尤其是商业银行经营业务的经济利益优先原则体现得更加显著、深刻，大型企业、经营业绩良好的中型企业深得各类银行青睐，而小微型企业、经营业绩不好的中型企业的融资需求却受到各类限制。20世纪70年代末期以来的经济改革大潮，催生了中国资本市场的出现，推动了中国资本市场从小到大、从区域到全国的快速发展壮大，也给很多中小企业的外部股权融资提供了良好机遇和条件，但由于国家政策及自身因素的制约，中小企业在资本市场上的股权融资仍然面临许多"门槛"限制。两方面的作用，使得中小企业的"融资难"、"融资贵"问题突出，融资结构不合理，从而导致资本结构偏离目标资本结构水平。这意味着，中小企业如果知道了其实际的资本结构偏离了目标资本结构，中小企业能否顺利、快速地进行调整，要受到资本市场和银行信贷供给市场的约束。由前述章节分析可知，中小企业融资约束的缓解与其竞争力状况的好坏密切相关。正是由于一些中小企业的竞争力不强，其融资能力、融资约束的缓解受到资本市场的发达程度、银行信贷供给市场的发展水平的影响越大，中小企业资本结构的调整成本也就越高，调整速度也就越慢。

进入 21 世纪以来，随着中国对内改革的不断深化、对外开放的不断加快，中小企业的市场经济主体身份和国民经济中坚力量地位逐步得到强化，除了有限的少数行业外，中小企业进入大多数行业的规模经济壁垒、技术壁垒和制度性壁垒逐步被拆除，中小企业与大型企业之间、中小企业之间的市场竞争愈加激烈。激烈的市场竞争，一方面使得中小企业的产品价格下降，导致企业盈利空间缩小，企业的债务融资和股权融资受到限制，从而，企业的资本结构难以得到及时调整；另一方面，使得企业所在产业的收益水平也会下降，这会促使企业为了提高自身的收益水平而不断加强投资力度以增强其市场竞争力；或者寻找新的盈利模式和利润增长点，进行战略转型，以获得战略优势，从而可以突破企业所面临的债务融资约束和股权融资优势，促使企业资本结构趋向于目标资本结构。

由前述分析可知，中小企业竞争力按其来源，主要包括结构竞争力、资源竞争力和能力竞争力。因而，一方面，结构竞争力越强，企业的盈利水平越高，企业调整资本结构的能力越强，因此结构竞争力与企业向目标资本结构的调整速度越快；另一方面，结构竞争力越强，企业的竞争越不激烈，企业向目标资本结构调整的动力不足，所以企业向目标资本结构调整的速度越慢。由此，提出以下理论假说：

　　理论假说1：结构竞争力与企业资本结构调整速度之间的关系不确定。

　　企业资产的专用性越强，依据交易成本理论和融资优序理论，企业越倾向于采用权益融资的方式获取资金。企业拥有的专用性资产越多，企业的盈利能力也就越强，企业也就越有能力调整资本结构。依赖权益融资的企业偏离最优资本结构的幅度最小，调整速度更快（Lööf，2003）。

　　理论假说2：企业资源竞争力与资本结构调整速度正相关。但是，一般情况下，中小企业拥有的专用性资产较少，企业资源竞争力较弱，资源竞争力对资本结构调整速度的影响较小。

　　中小企业的能力竞争力主要取决于企业主的能力和企业制度的能力。企业能力竞争力越强，企业的运营效率就越高，企业调整资本结构的能力也就越强。

　　理论假说3：企业能力竞争力与资本结构调整度正相关，且企业能力竞争力对资本结构调整的影响最大。

## 二　变量设置

### （一）被解释变量

　　本书所构建的中小企业资本结构的部分动态调整模型的被解释变量是中小企业的资本结构。关于资本结构的度量指标，学术界普遍采用以下三类指标：第一类指标是资产负债率，资产负债率＝总负债/总资产；第二类指标是权益负债率，权益负债率＝总负债/股东权益；第三类也是资产负债率，但是，此时的资产负债率＝长期负债/总资产。本书选择的资本结构指标是第一类，即资产负债率＝总负债/总资产（或者流动负债/总资产），因为，中小企业的负债总额中主要是以流动负债的方式来度量资本结构，其中，当期负债率对企业在 $t-1$ 年末的数值进行分析。需要说明的是，尽管在实际设定企业的债务水平或者债务结构时，不同的经理人的出发点或者考虑视角不同（例如，有些经理人主要考虑债务资本和权益资本的账面价值，有些经理人主要考虑债务资本和权益资本的市场价值），但是相关文献的研究结论却都表明，杠杆的账面价值额和市场价值额之间在横截面上具有较高程度的相关关系。一般来说，使用账面价值来衡量资本结构所导致的错误设定的可能性微乎其微（Bowman，1980），所以本书研究中统一采用账面价值来测度企业的资产类指标和负债类指标。

（二）解释变量

企业竞争力是本书所构建模型中的核心解释变量，然而，如何衡量中小企业的竞争力也是本书的难点所在。根据竞争力来源的不同，本书将企业竞争力划分为结构竞争力、资源竞争力和能力竞争力，中小企业竞争力是上述三种竞争力的综合。

1. 结构竞争力

现有相关文献的研究结论表明，资本结构具有行业特征，对于中小企业而言，其结构竞争力并不来自于企业内部，而是由企业所处行业的市场结构（例如，完全垄断市场、寡头垄断市场、垄断竞争市场、完全竞争市场）所决定。在现代产业组织理论的研究文献中，衡量行业市场结构的指标主要有两个：一个是市场集中度；另一个是需求交叉价格弹性。市场集中度衡量的是行业中最大的 $n$ 家厂商在行业中的市场占有率，而需求交叉价格弹性则依据不同企业产品的价格数据测算得出。考虑到企业产品价格的信息难以获取，而对国内主要行业的市场集中度数据目前已有相对充分的研究资料。因而，本书选择市场集中度指标作为结构竞争力的衡量指标。需要说明的是，本书所使用的市场集中度的测算指标主要是行业平均利润率，行业平均利润率 = 利润/主营业务收入。

2. 资源竞争力

在资源观点下，企业是由一系列资源整合而成的，一个企业的竞争力来源于该企业所掌控的不被其他企业模仿的资源的数量和质量。衡量企业资源竞争力的一个常用指标就是企业资产的专用性。资产专用性是交易成本经济学的核心概念，在第二章中，本书将资产专用性界定为资产在不牺牲生产价值的前提下能够被不同的使用者用于不同用途的程度（Williamson，1971），并表现出较强的"路径依赖"特征。在公司战略研究中，专用性资源或资产一直被认为企业所拥有的具有价值性、稀缺性、不可模仿性和无法替代性特征的有价值资源，具有稀缺性特征的专用性资产能够给企业带来李嘉图租金，企业利用不可模仿性、价值性、无法替代性资产生产的差异化产品能够给企业带来张伯伦租金和熊彼特创新租金（Collis and Montgomery，1997）。Balakrshinan 和 Fox（1993）研究也表明，企业为了提高企业的竞争能力，往往开发具有独特性的差异产品，从而提高企业的专用性资产投资。相关文献的研究结论表明，公司广告和研发费用与销售收入比值的十年平均数与杠杆率显著负相关（Bradley，Jarrel and Kim，1984；Long and Malitz，1985；Titman and Wessels，1988）。Taylor 和 Lowe（1995）的研究也支持公司的专有特征在解释资本结构时是一个重要的变量。一种资产是否为专用资产的评判标准，就是看其用途是否可变，它与会计上的固定资产、流动资产等概念并无直接关系。本书用广告费用和研发费用来代表中小企业的专用性资产，专用性资产在总资产中的比重表示的就是企业的资产专用性情况，也即企业的资源竞争力。

3. 能力竞争力

本书从企业主的个人能力、企业制度的完善程度两个层面考察企业的能力竞争力。首先，对于一个企业尤其是中小企业而言，企业主人力资本、社会资本等状况直接影响着企业的运营和发展，因而，本书将其视为能力竞争力的第一个层面。衡量企业主个人能力的方法、角度和指标很多，例如，年龄、学历、个人经历，等等，但是，学术界并无统一定论。基于数据可得性的考虑，本书选择企业主的年龄、受教育程度、本人及亲属是否担任各级人大代表或者政协委员三个指标，作为企业主能力的综合反映。具体来说：

（1）年龄。年龄与企业主能力的关系主要体现在两个方面：一是创新意识；二是经验积累。一般认为，年轻的企业主往往更富有创新意识和能力，而年长者则积累了更多的企业经营经验。综合来看，我们认为，31—40 岁的企业主在个人能力方面将达到一个峰值，因此，本书对企业主年龄的赋值情况如下：31—40 岁赋值为 5；41—50 岁赋值为 4；30 岁以下赋值为 3；最后是 51—60 岁、60 岁及以上两个年龄段，依次赋值为2、1。

（2）受教育程度。受教育程度是企业主人力资本的重要体现，一般认为，受教育程度越高，企业主个人的竞争能力越强。本书将企业主的受教育程度分为小学及以下、初高中、大学、研究生及以上四个等级，依次赋值为1、2、3、4。

（3）人大代表或者政协委员任职情况。本书采用企业主本人或者其亲属是否担任任何一级的人大代表或者政协委员这一指标作为企业主能力的一个重要内容。这是因为，一方面，人大代表、政协委员的产生有一系列严格的甄选程序，能够当选本身就是企业主综合能力的体现；另一方面，当选人大代表或者政协委员会使得企业主的社会资本得到提升，有助于增加企业的能力竞争力。

除了企业主能力外，现代企业制度、企业的治理机制、企业管理制度是否健全对于企业的竞争力也有重要的影响，可以视作制度产生的竞争力。企业的财务制度作为企业重要制度之一，是企业财务能力发展的重要保障。企业的财务制度既影响企业利用内外部财务资源适应环境变化的能力，又影响企业利用财务资源存量来调整资本结构的能力。因此，企业财务制度反映企业财务资源获取与使用、财务关系协调、财务危机处理等活动的效率和效益，是企业价值链基本活动和支持活动能力的价值体现，其价值体现要比竞争对手更好地满足顾客的需要，为企业创造更高的价值。因此，本书把企业财务制度作为企业制度的代理变量，主要从财务基础管理、资产管理、投资管理、筹资管理、成本管理五个方面评价企业的财务制度。对企业治理制度的评价主要以企业主是否在企业内任职评价。最后需要说明的是，考虑到企业主个人能力也会对企业制度的建立产生影响，因而在测算企业能力竞争力时，本书给企业主能力赋予60%的权重，给制度竞争力赋予40%的权重。

（三）控制变量

除了核心解释变量外，本书把企业的特征变量、行业特征变量作为控制变量纳入模型。其中，企业特征变量包括企业规模、企业资产构成、企业成长性、企业盈利能力、资产流动性。以下具体来说。

## 1. 企业规模

大量的研究文献表明，企业规模影响资本结构的调整。但是，基于不同的理论分析，学术界对企业规模对资本结构调整的影响有两种完全不同的观点。一种观点是基于破产成本理论、权衡理论和代理成本理论，他们认为，大企业资产规模较大，经营实力较为雄厚，从而大企业抗风险能力较强，并且大企业还倾向于采用多元化的战略分散企业的经营风险。所以，大企业不仅破产概率较低，抵御风险的能力较强，而且企业的现金流相对稳定，大企业倾向于采用通过提高企业的负债比例来调整企业的资本结构。企业的规模越大，企业越有可能通过提高债务水平调整企业的资本结构。根据代理成本理论可知，与大企业相比，小企业的股权相对集中，财务管理也不规范，小企业债权人和股东间之间因信息不对称而导致的冲突也更为严重（Rajan and Zingales，1995），小企业的经理者（往往是企业的大股东）发生败德的风险会更高，并具有将债权人的资金转向更高风险项目的动机。因此，小企业获得债务融资的难度相对较大，通过提高债务水平调整资本结构的可能性也就越小。企业规模与资本结构调整呈正相关关系。另一种观点是基于优序融资理论的分析，Fama 和 Jensen（1983）、Rajan 和 Zingales（1995）的研究结果表明，大企业比小企业更倾向于向外部投资者和公众提供更多的企业"私人"信息。由于外部投资人对大企业经营者的监督成本较少，根据优序融资理论，大企业更倾向于通过提高权益融资的比例降低企业的资本结构，因此，企业规模与资本结构的调整呈负相关关系，企业规模越大，企业越有可能采用股权融资的方式降低企业的资本结构（Kim and Sorensen，1956；Titman and Wessels，1988）。关于规模与杠杆的经验研究并没获得一致结论。本书用总资产的自然对数来度量企业规模，也即，企业规模＝总资产。

## 2. 资产构成

资产构成影响资本结构调整的主流理论包括破产成本理论、代理成本理论和优序融资理论。破产成本理论认为，当企业进入破产程序时，企业债权人的权益与债务是否具有抵押权、破产企业可清算的固定资产价值有关。如果债权人的债务具有抵押权，按照公司破产法的规定，有抵押债务比无抵押债务拥有优先偿付权，破产企业可抵押的资产越多，破产企业侵占债权人财富的可能性越小，从而具有可抵押权的债务也就越有保证。因此，具有较多可抵押有形资产的企业倾向于通过提高企业的负债比例调整企业的资本结构。资本结构的代理成本理论认为，由于中小企业经营者（大部分指企业的大股东）和债权人之间的信息不对称，将导致中小企业经营者的败德和逆向选择行为。当中小企业将本应投资于低风险的项目转投于具有较高风险的项目时，如果项目成功，中小企业将获得较高的投资收益，同时，如果项目失败，债权人则主要承担投资失败的损失，因此，由于信息不对称而导致的资产替代的代理成本，将降低企业提高债务水平的激励。但是，资产的有形性可在一定程度上降低债务的代理成本，促进企业提高债务比例，从而调整企业的资本结构。优序融资理论认为，与拥有较多有形资产的大企业相比，中小企业的有形资产较少，并且企业拥有的无形资产越多，外部投资者对企业的"私人"信息了解得也就越少，所以，拥有较多无形资产的企业倾向于采用债务融资的方式为公司的项目进行融资，从而调整企业的资本结构。由此可知，资产构成中有形资产的比例越高，企业资本结构调整的可能性也就越大（Marsh, 1982; Bradley et al. , 1984; Long and Malitz, 1985; Friend and Lang, 1988; Rajan and Zingales, 1995）。因此，本书用固定资产与总资产的比值来度量资产构成，也即，资产构成＝固定资产/总资产。

　　3. 企业盈利能力

　　盈利能力是反映企业不断满足目标顾客的能力指标之一。企业的盈利能力首先表现为企业产品的毛利率，其次表现为在相同盈利水平下的销售数量的持续增加，最后表现为企业资金或资本的持续增值。资本结构理论认为，中小企业的盈利能力可以改善企业的现金流（Jensen, 1986），增加中小企业债权的安全性（Rajan and Zingales, 1995），以及提高中小企业内部融资能力（Myers and Majluf, 1984）。反映企业盈利能力的指标主要有销售利润率、成本费用利润率、净资产收益率、资本金利润率、股东回报利润率，等等。本书采用净资产收益率这个指标来衡量企业的盈利能力，即净资产收益率 = 利润总额/净资产。其中，净资产是所有者权益的表现，净资产 = 资产总额 − 负债总额。

### 4. 成长性

成长性是衡量企业未来业绩情况的代理变量。一般情况下，中小企业比大企业的生命周期更短，但是其成长性更好。成长性较好的中小企业，往往需要大量的资金与其发展速度相匹配。由于中小企业的企业主对控制权的偏好，根据优序融资理论，当中小企业面临较好的投资机会时，其往往首先采取内部留存收益进行项目的融资，其次是通过外部债权融资，最后才是外部股权融资（Ang，1991）。因此，中小企业的成长性越好，企业的资金需求量也就越大，企业通过债权融资的可能性也就越大。同时，中小企业主对控制权的偏好，加剧了成长性较好的中小企业对外部债权的依赖。

当面临较好的投资机会时，高成长性中小企业倾向于提高内部股权融资比例获得最大投资收益。另外，中小企业主的这一特点，可能导致企业缺少投资资金而选择次优投资或者放弃新的投资机会，从而导致中小企业成长的动力不足。因此，中小企业的成长性与财务杠杆存在着负向相关关系，Kimand Sorensen（1986）、Rajian 和 Zingales（1995）也得出了类似的研究结论。Titman 和 Wessels（1988）的研究结论也发现了类似的研究结论，但是，也有一个不同的地方，即中小企业成长性与财务杠杆之间的负向相关关系不是很显著。因此，本书采用主营业务收入增长率这个指标来度量成长性，也即企业成长性 = 主营业务收入增长率。

### 5. 资产流动性

资产流动性对资本结构选择会产生双重性的影响，一方面，企业资产的流动性越强，则企业短期到期债务的偿还能力也就越强，因而，企业资产的流动性与其财务杠杆之间存在着正向相关关系；另一方面，企业所拥有的流动资产越多，则企业在进行债务融资时使用流动资产作为抵押的意愿也就越强，并且还能获得投资所需要的资金，因而，企业资产的流动性与其财务杠杆之间存在着负向相关关系。正如 Prowse（1990）的研究结论所指出的，企业资产的流动性这个指标可以用来衡量企业股东对流动资产的使用程度。因此，本书采用流动比率来衡量企业资产的流动性，其中，流动比率 = 流动资产/流动负债。

依据前述所提出的理论假说和变量设置，本书选取的被解释变量、竞争力方面的解释变量、相关控制变量的名称、测度、变量符号及其预期作用方向见表 6—1。

表 6—1　　　　　中小企业资本结构部分动态调整模型中
被解释变量和解释变量的说明

| 变量组 | | 变量名称 | 变量测度 | 变量符号 | 预期作用方向 |
|---|---|---|---|---|---|
| 被解释变量 | | 资本结构 | 资本结构 = 总负债/总资产 | *TL* | — |
| 因变量 | 竞争力变量 | 结构竞争力 | 行业平均利润率 = 利润/主营业务收入 | *Stcompe* | ? |
| | | 资源竞争力 | 资产专用性 = （研发费 + 广告费）/主营业务收入 | *Recompe* | + |
| | | 能力竞争力 | 能力竞争力 = 60% × 企业主竞争力 + 40% × 制度竞争力 | *Abcompe* | + |
| | 控制变量 | 企业规模 | 企业规模 = 总资本 | *Size* | + |
| | | 资产构成 | 资产构成 = 固定资产/总资产 | *Comasset* | + |
| | | 盈利能力 | 净资产收益率 = 利润总额/净资产 | *Profitability* | + |
| | | 成长性 | 主营业务收入增长率 | *Growth* | – |
| | | 资产流动性 | 流动比率 = 流动资产/流动负债 | *Liquidity* | – |

注："+"表示正向影响，"–"表示负向影响，"?"表示影响方向不确定。

# 第二节　模型构建与估计方法

## 一　模型构建

权衡理论认为，企业最优资本结构是负债收益和负债成本之间权衡的结果。在理想状态下，最优资本结构能保证企业处于财务安全状态的同时，使企业实现价值最大化的基本目标。在非理想状态下，实际资本结构往往会偏离目标资本结构，而这在很大程度上会削弱企业价值。但是，由于企业所处的内部环境和外部环境不断发生变动，所以，影响资本结构的因素也会发生变动，相应地，企业的最优资本结构也会发生变动。

因此，随着时间的推移，企业的最优负债率呈现出动态调整的趋势。然而，由于资本市场的不完善会导致企业在调整资本结构时，产生大量调整成本，致使当企业的实际资本结构偏离最优资本结构时，往往只能对资本结构做出部分调整，并且，资本结构的调整程度、调整速度取决于调整成本的大小（Hovakimian et al.，2001）。如果调整成本为零，则企业可以迅速地将资本结构调整到最优状态，实现实际资本结构与目标资本结构之间偏差的最小化；如果调整成本趋于无限大，则企业缺乏调整资本结构的动机。只要企业的实际资本结构偏离了目标资本结构，则企业的资本结构就不是最优资本结构，企业也因此就有动机采取措施努力地将实际资本结构调整到目标资本结构，但是，由于企业内外部各种因素的制约和影响，企业往往不能在一个时期内将其实际资本结构恰好地调整到目标资本结构水平上，很有可能的情况是，只是做了部分调整，或者做了过度的调整，甚至有可能做出的是逆向的调整。

由上可知，中小企业资本结构的调整是一个连续动态的过程，上期的资本结构水平对当期的资本结构水平产生正向的或者负向的影响，因而，引入滞后的资本结构变量项更加符合资本结构理论和中小企业资本结构的现实，然而，一旦将滞后的资本结构变量项引入回归方程，原本的静态回归模型也就转变为动态回归模型，传统的回归估计方法会失效，从而回归的估计结果的精准性将难以保证。在这种情况下，只有采用动态面板数据模型（Dynamic Panel-data Model）才能进行较高有效度的估计。在本书的研究中，因为通过山东省中小企业局发放的中小企业调查问卷存在某些样本问卷中个体数据的缺失，导致2009—2012年期间每份调查问卷所观测到的个别指标或者变量数据不完整，或者个别指标或者变量的时间长度不等，因此，本书采用动态非平衡面板数据模型[①]（*Dynamic Unbalanced Panel-data Model*）来实证检验与分析中小企业竞争力对资本结构调整产生的影响。

大多数学者一般都采用部分调整模型来测度企业资本结构的调整过程。借鉴 Banerjee、Heshmati、Wihlborg（2000）和 Flannery、Rangan（2006），以及 Lemmon 等（2008）的研究成果，本书建立以下的部分调整模型来描述、实证分析中小企业资本结构的动态调整过程：

$$TL_{it} - TL_{it-1} = \delta_{it}(TL_{it}^* - TL_{it-1}) \qquad (6—1)$$

公式（6—1）中，$TL_{it}$、$TL_{it-1}$ 表示企业 $i$ 在第 $t$ 年、第 $t-1$ 年的实际资本结构，$TL_{it}^*$ 表示企业 $i$ 在第 $t$ 年的目标资本结构。$\delta_{it}$ 为调整系数，学术界通常用该时段内企业资本结构的变动值占开始时实际资本结构偏离目标资本结构数值的比例来衡量，它表示在一个年度内企业的实际资本结构向目标资本结构水平调整速度的快慢，$\delta_{it}$ 可以用来间接地反映调整成本的大小。

一般来说，企业的最优资本结构无法直接观测，因此，考虑到统计误差 $\varepsilon_{it}$，我们将公式（6—1）改写为：

$$TL_{it} = \delta_{it}TL_{it}^* + (1 - \delta_{it})TL_{it-1} + \varepsilon_{it} \qquad (6—2)$$

显然，若 $\delta_{it} > 0$，则表示企业资本结构的实际调整方向与拟调整方向一致；若 $\delta_{it} < 0$，则表示企业资本结构的实际调整方向与拟调整方向不一致，而是相反。若 $\delta_{it} = 0$，则表示调整成本大于经由调整而获得的收益，企业在第 $t$ 年的实际资本结构没有做任何调整，仍然维持在第 $t-1$ 年的资本结构水平上；若 $0 < \delta_{it} < 1$，则表示在存在调整成本的情况下，企业在一个年度内对资本结构只是做了部分调

---

① 用面板数据模型来分析经济社会问题时，若对问题中的指标（或者变量）都是在整个样本范围内进行观测时，则指标或者变量的数据集合是"平衡面板数据"或者"完全面板数据"；若对问题中的部分或者个别指标（或者变量）是在部分样本范围内进行观测时，则指标或者变量的数据集合是"非平衡面板数据"或者"不完全面板数据"，此时的面板数据模型为"非平衡面板数据模型"。国内外已有学者利用动态非平衡面板数据进行相关问题研究，例如，国外代表性学者有 Roodman（2006），国内代表性学者有邵全权（2008）、刘生龙和周绍杰（2011）、杨仕辉和郭艳春（2012）、吴勇（2013）等。

整；若 $\delta_{it} = 1$，则表明企业可以在一个年度将实际资本结构调整到目标资本结构，即在一个年度内完成全部调整，不存在调整成本，如此，企业在第 $t$ 年的资本结构就处于最优资本结构水平上；若 $\delta_{it} > 1$，表示企业在一个年度内对资本结构做了不必要的、过度的调整，即实际资本结构仍然处于偏离目标资本结构的状态。

在企业发展实践中，企业资本结构的调整速度 $\delta_{it}$ 会受到多种因素的影响。其中，有些因素是不可观测的，不会随着时间的变化而发生变化，是企业特征的固定效应。因此，在目标资本结构的部分调整模型中需要加入固定效应，以反映宏观经济因素对资本结构调整所产生的影响。由此，沿用和借鉴 Nivorozhkin（2004）的设定方法，各个解释变量对中小企业资本结构调整的动态非平衡面板数据模型为：

$$TL_{it}^* = \alpha_i + \beta_i X_{it} + \varepsilon_{it} \qquad (6—3)$$

公式（6—3）中，$X_{it}$ 是影响企业最优资本结构的一组有关企业竞争力特征的变量和相关控制变量，具体变量有 *Stcompe*、*Recompe*、*Abcompe*、*Size*、*Comasse*1、*Profitability*、*Growth*、*Liquidity*；$\beta_i$ 为企业竞争力特征变量和相关控制变量的回归系数；$\alpha_i$ 为时间虚拟变量，反映固定效应；$\varepsilon_{it}$ 为误差项，该误差项同时考虑以下两种未观测到的效应，即个体效应和时间效应，从而使得所构建的动态非平衡面板数据模型是一个双因素误差的回归模型。据此计算出来的 $TL_{it}$ 代入公式（6—1）中，即可计算出资本结构的动态调整速度，因为相关数据限制，因而本书就重点考察中小企业竞争力变量及相关控制变量对资本结构调整所产生的影响。

## 二　估计方法

在动态非平衡面板数据模型中，在模型估计时可能出现以下两个问题：一个问题是解释变量中出现被解释变量的滞后项，会导致解释变量与随机扰动项出现相关的现象，即解释变量（指被解释变量的滞后项）会出现内生性问题，内生性会使得在使用传统估计方法进行回归估计时，会产生参数估计的有偏性和非一致性，导致估计结果发生偏差，从而使得根据估计参数进行的统计推断无效；另一个问题是在动态非平衡面板数据模型中，那些原本在整体样本观测值中但后来因各种原因丢失的个别数据，如果其被"丢失"的原因是内生的，即被"丢失"的个别数据与扰动项相关，则可能会导致研究时所选择的样本不具有代表性的问题，从而可能会导致模型估计量不一致的问题。于是，Arellano 和 Bond（1991）、Arellano 和 Bover（1995）、Blundell 和 Bond（1998）提出了广义矩估计方法（Generalzed Method of Moments，简称 GMM 估计），GMM 估计是矩估计方法的一般化，是基于回归模型实际参数在已经满足一定矩条件而形成的一种参数估计方法。只要动态非平衡面板数据模型设定正确，则总能找到该模型的实际参数所满足的若干矩条件，从而可以采用 GMM 估计。可见，GMM 估计方法可以克服以上估计中可能出现的各种问题，该方法所具有的一个好处就是它通过使用前期的解释变量和滞后的被解释变量作为工具变量来克服模型中可能出现的内生性问题。因而，GMM 估计在动态面板数据模型的参数估计中得到了广泛应用。Arellano 和 Bond（1991）对提出的 GMM 在 Stata 软件中的实现做了详细介绍，并开发了 xtabond2 命令，这有利于使用者在 Stata 软件中实现 GMM 估计。具体来说，GMM 估计有差分 GMM 估计和系统 GMM 估计两种具体方法，本书采用差分 GMM 估计。

再之，因为，GMM 估计中的权重矩阵会出现在动态非平衡面板数据模型的目标函数中，在这种情况下，对目标函数可以进行反复迭代求解并使其达到最小值。因此，在 GMM 估计中，一般不需要定义经典的拟合优度 $R^2$、调整的 $R^2$ 和 $F$ 统计量，也不需要定义赤池信息准则（AIC）、施瓦茨准则（SC）等信息准则，而主要采用 Hansen 检验、$AR(1)$、$AR(2)$ 来检验估计结果是否为无偏估计。其中，Hansen 检验主要用来判别并选取合适的工具变量，如果 Hansen 检验的统计量 $P > 0.01$，则表示所选择的工具变量在 1% 的显著性水平上是合理的，否则不合理。$AR(2) > 0.05$，则表明不存在二阶序列相关，并且，$AR(2)$ 的值越大越好。

# 第三节 样本选取与变量的描述性统计

## 一 样本选取与各变量的描述性统计

本部分研究所使用的数据来自于对山东省中小企业的调查问卷数据，考虑到某些数据的可得到性，研究时间跨度设定为 2009—2012年，共获取有效样本 79 家，样本数据量为 316 个，有些指标或者变量的样本为 70 家，样本数据量为 280 个。在 4 年的考察期中，资本结构应根据目标资本结构调整 3 次，也有部分企业成立时间不足 4年，其资本结构调整次数少于 3 次。因此，研究样本中小企业的数据为非平衡样本。各变量的基本描述见表 6—2。

表 6—2　　　**被解释变量与解释变量的描述性统计分析**

|  | 样本/数据（个数） | 均值 | 中位数 | 标准差 | 最小值 | 最大值 |
|---|---|---|---|---|---|---|
| *TL* | 79/316 | 0.46 | 0.40 | 0.30 | 0.05 | 1.94 |
| *Stcompe* | 79/316 | 0.07 | 0.07 | 0.02 | 0.02 | 0.12 |
| *Recompe* | 79/316 | 0.13 | 0.01 | 0.79 | 0.00 | 6.93 |
| *Abcompe* | 70/280 | 3.04 | 3.22 | 0.69 | 1.20 | 3.90 |
| *Size* | 79/316 | 8.49 | 8.44 | 1.61 | 0.15 | 11.24 |
| *Comasset* | 79/316 | 0.39 | 0.37 | 0.21 | 0.00 | 1.00 |
| *Profitability* | 79/316 | 0.25 | 0.19 | 0.26 | -0.23 | 1.29 |
| *Growth* | 79/316 | 1.19 | 0.24 | 5.68 | -0.14 | 52.62 |
| *Liquidity* | 79/316 | 2.02 | 1.43 | 7.65 | -44.84 | 53.59 |

样本企业的资产负债率均值仅为 0.46，低于以沪深两市上市公司为代表的大公司资产负债率的平均水平（0.579），这恰恰反映出由于中小企业在负债融资方面存在较大困难，因而导致资本结构中负债水平普遍偏低，权益融资占据主导地位。

以广告费、研发费为代表的专用资产占总资产的平均比重为13%，其中，样本企业广告费用年均投入额为 195.12 万元，研发费用年均投入额为 432.37 万元。同时，由于企业性质、经营策略的不同，企业间资产专用性的差距也较大，资产专用性最高的企业在广告、研发方面的投入是总资产的近 7 倍，但多数中小企业在广告、研发方面的投入力度均不大，导致样本专用资产占总资产比重（即资源竞争力）的中位数仅为 1%。

69.67% 的受访企业主或其家人均担任了当地人大代表或政协委员；79.76% 的企业主在单位任职，且在企业任职的企业主中有 90.25% 的企业主在单位领薪。

根据统计数据，样本企业总资本对数的平均值为 8.49，其中规模最小企业其总资本对数为 0.15，规模最大的为 11.24。

样本企业固定资产占总资产比重的均值为 39%，其中固定资产占比最高的企业达到 100%。

样本企业盈利能力均值为 25%，其中有半数企业盈利能力在 19% 左右，超过 1/4 的企业盈利水平不足 10%，并有 3 家企业平均盈利能力为负（也即处于亏本状态），而盈利水平超过 50% 的企业占样本企业的 11.9%。

## 二　相关性检验

在实证研究前，用皮尔逊双侧检验法对各解释变量之间的相关性进行检验，检验结果表明，除了资产构成与盈利能力这两个变量之间存在较强的相关性，可能存在多重共线性问题，其他各解释变量之间的相关性较弱（见表6—3）。所以，总体上来看，本书所构建的动态非平衡面板数据模型所纳入的变量具有较强的适应性。

表6—3　　　　　　　　各解释变量之间的相关性检验

| | Stcompe | Recompe | Abcompe | Size | Comasset | Profitability | Growth | Liquidity |
|---|---|---|---|---|---|---|---|---|
| Stcompe | 1 | — | — | — | — | — | — | — |
| Recompe | 0.114 | 1 | — | — | — | — | — | — |
| Abcompe | 0.011 | 0.123 | 1 | — | — | — | — | — |
| Size | 0.07 | 0.184 | −0.147 | 1 | — | — | — | — |

续表

| | Stcompe | Recompe | Abcompe | Size | Comasset | Profitability | Growth | Liquidity |
|---|---|---|---|---|---|---|---|---|
| Comasset | − 0.055 | − 0.12 | 0.027 | − 0.064 | 1 | — | — | — |
| Profitability | 0.026 | − 0.076 | 0.057 | 0.059 | − 0.349 ** | 1 | — | — |
| Growth | 0.05 | − 0.028 | 0.093 | − 0.179 | − 0.103 | − 0.147 | 1 | — |
| Liquidity | − 0.08 | − 0.016 | − 0.081 | − 0.02 | − 0.08 | − 0.061 | 0.153 | 1 |

注：＊＊表示在1%水平下显著。

# 第四节　模型估计结果及其实证分析

## 一　模型估计结果

引入资本结构 $TL_{it}$ 的一阶滞后值，本书运用二阶差分 GMM 估计方法对模型进行回归，得到的结果如表6—4 所示。

表6—4　　　　　　　　模型的 GMM 估计结果

| 解释变量 | $\beta$ | Std. Err | Z-value |
|---|---|---|---|
| $TL_{it-1}$ | 0.0451 * | 0.0533 | 0.85 |
| Stcompe | − 0.7724 * | 0.6873 | − 1.12 |
| Recompe | 0.4761 ** | 0.1860 | 2.56 |
| Abcompe | 0.1413 *** | 0.0521 | 2.71 |
| Size | 0.0196 ** | 0.0155 | 1.27 |
| Comasset | 0.0133 | 0.0790 | 0.17 |
| Profitability | 0.0585 * | 0.0361 | 1.62 |
| Growth | 0.00004 | 0.0001 | 0.40 |
| Liquidity | − 0.0627 *** | 0.0120 | − 5.24 |
| AR(1) | 0.0358 | — | — |
| AR(2) | 0.2036 | — | — |
| Hansen | 0.0273 （0.5257） | | |

注：① ＊、＊＊和＊＊＊分别表示相关检验变量在 10%、5% 和 1% 水平上显著；② AR(1)、AR(2) 报告的是 Arellano-Bond 一阶、二阶序列相关检验的 P 值；③ Hansen 报告的是工具变量选择检验的结果，括号内为 P 值。

表6—4 的估计结果显示，$Hansen$ 统计量 $P$ 值为 0.5257，大于 0.01，这表明模型所选二阶滞后项作为工具变量是有效的。同时，$AR(2)$ 的 $P$ 值为 0.2036，接受残差序列不存在二阶自相关的原假设，因而，模型估计结果稳健。从解释变量的回归系数 $\beta$ 来看，在 9 个解释变量中，除了资产构成和成长性这两个解释变量的回归系数没有通过显著性检验，其他的 7 个解释变量的回归系数都通过了 1% 或者 5% 或者 10% 水平上的显著性检验，并且大多数解释变量系数的正负号与预期方向一致。因此，本书所构建的动态非平衡面板数据模型的拟合优度很高。

## 二　估计结果分析

表6—4 估计结果中的回归系数显示，结构竞争力的回归系数为负值，且通过了 10% 水平上的显著性检验，这表明，中小企业结构竞争力对资产负债率的变动产生了负向作用的影响，即结构竞争力增强，会导致资产负债率水平降低；结构竞争力降低，会导致资产负债率水平提高。由此，中小企业结构竞争力与资本结构调整之间在理论假说上的关系在模型估计中得到了明确的确定，即中小企业结构竞争力与资本结构调整之间呈现反向的变化关系。

资源竞争力和能力竞争力的回归系数均为正值，且分别通过了 5%、1% 水平上的显著性检验，这表明，中小企业资源竞争力和能力竞争力对资产负债率的变动产生了正向作用的影响，即中小企业资源竞争力和能力竞争力越强，会导致资产负债率水平提高；资源竞争力和能力竞争力越弱，会导致资产负债率水平降低。从资源竞争力、能力竞争力对资产负债率的各自影响来看，能力竞争力回归系数的显著性影响程度要大于资源竞争力回归系数的显著性影响程度。因此，中小企业资源竞争力、能力竞争力与资本结构调整之间正相关，并且，能力竞争力对中小企业资本结构调整的影响更大一些，因为，能力竞争力不仅能提高中小企业获取权益资本的能力，还可以提高获取债务资本的能力。显然，中小企业资源竞争力、能力竞争力与资本结构之间关系的理论假说得到了验证。

在企业特征的控制变量中，可以看到，企业规模、盈利能力、资产流动性这三个变量的回归系数分别通过了 5%、10% 和 1% 水平上的显著性检验。中小企业规模、盈利能力的回归系数均为正值，与根据相关理论分析提出的预期作用方向相一致。这表明，中小企业规模、盈利能力对资产负债率的变动产生正向作用的影响，即中小企业规模扩大、盈利能力增强，会使得中小企业信贷的可获得性大大增强，从而负债融资水平会提高，融资结构、资本结构得到调整。

在现有文献关于企业资产流动性对资本结构影响的研究中，存在两种相反观点：一种观点认为，资产流动性与财务杠杆正向相关，即企业的资产流动性越强，企业的财务杠杆也就越高；另一种观点认为，资产流动性与财务杠杆负向相关，即企业的资产流动性越强，企业的财务杠杆越低。本书的模型估计结果显示，资产流动性的回归系数为负值，与提出的预期作用方向相一致。这表明，资产流动性对资产负债率的变动产生负向作用的影响，即中小企业的资产流动性与资产负债率之间存在显著的负向相关关系，因为，资产流动性越强的中小企业在生产经营过程中，会更多地使用自有资金，这会导致负债融资水平降低，财务杠杆降低。这启示中小企业应深刻认识、高度重视资产流动性管理的重要性，要合理安排营运资本的融资结构，努力做到"流动资产由短期资金来满足，固定资产和无形资产等所需资金由长期资金来满足"，以更大程度地降低经营风险。

资产构成、成长性的回归系数没有通过 1% 或者 5% 或者 10% 水平上的显著性检验，且回归系数值都很小。这表明，在本书所构建的动态非平衡面板数据模型中，中小企业资产构成、成长性对资本结构调整产生的影响没有得到反映。这可能是多方面的原因所造成的，例如，研究的样本分布不均匀等，但并不意味着在中小企业的实际运行过程中，资产构成、成长性对资本结构调整不会产生影响。

# 第五节　本章小结

基于第四章的理论分析，本章提出了中小企业竞争力对资本结构调整、优化产生影响的三个理论假说，分别是结构竞争力与企业资本结构调整速度之间的关系不确定，企业资源竞争力与资本结构调整速度正相关，企业能力竞争力与资本结构调整度正相关，且企业能力竞争力对资本结构调整的影响最大。同时设置了计量经济模型中的被解释变量（资产负债率）、解释变量（包括结构竞争力、资源竞争力和能力竞争力）和控制变量（包括企业规模、资产构成、盈利能力、成长性和资产流动性）。根据对山东省中小企业的调查问卷的数据特点，构建了动态非平衡面板数据模型，用于实证检验与分析中小企业竞争力对资本结构调整所产生的影响。模型回归结果表明，本书所构建的动态非平衡面板数据模型的拟合优度很高，稳定性很强，适合用于分析中小企业竞争力对资本结构调整所产生的影响。估计结果中各解释变量的回归系数表明，结构竞争力、资源竞争力、能力竞争力这三个竞争力变量的回归系数分别通过了10%、5%、1%水平上的显著性检验，且结构竞争力的回归系数为负值，表明，中小企业结构竞争力与资本结构调整之间呈现反向的变化关系；资源竞争力和能力竞争力的回归系数均为正值，表明中小企业资源竞争力、能力竞争力与资本结构调整之间呈现正向的变化关系，并且能力竞争力对中小企业资本结构调整的影响更大一些。企业规模、盈利能力、资产流动性这三个变量的回归系数分别通过了5%、10%和1%水平上的显著性检验，并且，企业规模、盈利能力的回归系数均为正值，表明两者对资产负债率的变动产生正向作用的影响；资产流动性的回归系数为负值，表明资产流动性对中小企业资产负债率的变动产生负向作用的影响。

# 第七章　中小企业竞争力对资本结构调整作用机理的案例分析

## ——以山东省高唐县 A 公司为例

　　中小企业竞争力对资本结构调整产生影响的研究，不仅需要严密的理论分析、科学的统计分析和实证检验，还需要扎实的案例分析，以得出科学、符合实践发展的政策建议。为此，本章结合作者多年中小企业咨询工作的经验和中小企业集群发展的实际情况，选取山东省聊城市高唐县 A 公司作为深度访谈的研究对象。其次，在对国内外文献二手资料研究的基础上，拟定访谈提纲，征求专家意见，确定正式访谈提纲。最后，对 A 公司的企业特征、经营状况、财务状况、投融资状况及其所属的产业发展状况等分别与公司创始人、高层管理者、财务负责人、生产负责人和普通员工进行实地访谈和电话访谈，获得关于 A 公司竞争力和资本结构的一手案例资料，并基于案例材料对 A 公司竞争力作用资本结构调整的机理进行深入的案例分析。

## 第一节　A 公司简介及其产业链

### 一　公司简介

　　A 公司成立于 2009 年，注册资本 600 万元，总投资 900 万元。A 公司坐落于山东省聊城市高唐县最大的麦草制浆生产基地——山东省泉林纸业麦草基地料场。A 公司以发展循环经济为宗旨，是一家集科研、新产品开发和生产于一体的高科技型环保科技公司，主要产品有碱木素、木质素磺酸钠、水煤浆添加剂、型煤黏合剂、液体木质素磺酸钠，已发展成为我国北方重要的木质素生产基地。

A公司成立、运营严格遵照《公司法》，建立了完善的企业法人制度和产权清晰、权责明确、管理科学的现代化企业制度，实现了所有权和经营权的完全分离，管理团队稳定高效。作为一家民营企业，公司管理运作规范，自创办之初就建立起了完善的公司财务管理制度、生产制度、技术创新制度、营销人员等人才的开发和培训制度。目前，公司共有员工70余人，其中，长期从事木质素产品的研究与开发人员16人，占公司员工总人数的30%，拥有教授职称的研发人员1人，博士研究员1人，工程师2人。公司配有专业的化学分析室、混凝土室、力学室等专业实验室，试验设备先进、完善，检测手段先进；公司与中国科学院长春应用化学研究所、山东师范大学油化研发中心建立了密切的产、学、研合作关系，并与山东师范大学油化研发中心合作成立了木质素研发中心，具有较强的研究开发能力，可迅速吸收消化引进的新技术进行新产品开发，保证产品的创新性，大幅度地降低了企业产品开发的技术风险。

公司已通过ISO 9000质量管理体系认证，产品质量可靠，在市场竞争中具有独特的企业核心竞争力。其中，木质素磺酸钠和碱木质素、水煤浆添加剂等产品的市场范围已从山东省、广东省、福建省、湖南省、江苏省、新疆维吾尔自治区和内蒙古自治区等国内市场扩展到印度等国外市场，国内市场的销售网络逐步健全，国际市场的销售网络开发初见成效。

公司以较强的泉林资源优势为依托，以产、学、研合作的研发技术体系和网络为支撑，借助科研、市场平台，实现技术合作、经营合作、生产合作等广泛灵活的协作模式，从而使得公司业绩稳步增长。

二　木质素行业产业链

木质素是在酸作用下难以水解、相对分子质量较高的一种芳香类生物聚合物，广泛存在于羊齿类及更高等植物的细胞中。自然界中，木质素是仅次于纤维素的第二大可再生能源，是一种可持续发展的资源。木质素及其衍生物具有多种功能性，应用前景十分广阔。磺化木质素是木浆造纸的副产物，可作为分散剂、吸附剂/解吸剂、石油回收助剂、沥青乳化剂等用于农业有机肥、油田钻井、陶瓷及煤化工等产业（见图7—1）。2012年年底，全球木质素磺酸盐的市场规模约为92万吨，其中，2012年至2015年中国市场的生产规模一直保持在40万吨左右。但是，国际市场的木质素磺酸盐是以酸法制浆工艺为主、以造纸黑液为原料的改性处理产品，国际市场需求量大，且产品价格高，其价格是国内以碱法制浆工艺为主的改性产品的近3倍。

产业链是指从最初的自然资源、原料采购运输、产品设计、生产制造、销售，到最终达到消费者的产品形成过程中，上下游多个关联部门在产品、价值、知识方面的结合后形成的链状结构。木质素及其衍生物产业在整个产业链中处于中间环节，其上游产业有造纸业、纸制品制造业，下游产业有化肥业、煤化工产业、陶瓷业、石油加工业。上游的造纸行业和纸制品行业为木质素产业的发展提供生产加工所必需的原料（造纸纸浆生产的副产品——黑液）（见图7—1），这两个上游产业是木质素产业获得稳定持续供应、成本构成、产品质量的重要保障；处于木质素产业下游的产业结构、市场规模及其发展状况会影响木质素黄酸盐的销售价格、生产规模和营销努力水平，从而间接影响木质素产业的长期盈利水平，影响从事木质素产业的公司的资本结构的调整。A公司就是木质素产业链的中间环节——废液冶炼及加工商的典型代表公司，A公司的生产会受到上游造纸黑液供给量、价格及运输成本的制约，因其改性产品市场的应用广泛，下游的买方对A公司的影响主要体现在与企业的供销合作模式及付款方式上，这两方面会进一步影响A公司的现金流和负债水平，从而会影响A公司资本结构的调整，影响企业价值最大化目标的实现。

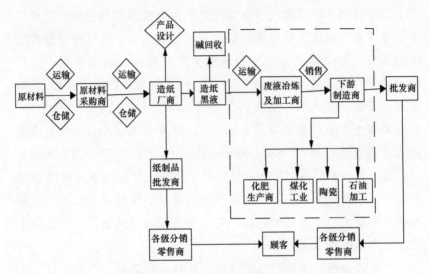

图 7—1　木质素行业的产业链

注：其中虚线框内是木质素的"原料供应—生产—顾客"核心产业链。

# 第二节　A 公司的竞争力与资本结构调整

前述分析表明，从竞争力的来源来看，中小企业竞争力主要包括结构竞争力、资源竞争力和能力竞争力，由此，本部分内容就以 A 公司为例，案例分析中小企业结构竞争力、资源竞争力和能力竞争力对资本结构调整的作用机理。

## 一　A 公司结构竞争力与资本结构调整

波特的竞争优势理论表明，产业结构的竞争强度受到现有竞争者、供应商、潜在进入者、买者替代品这五种力量的影响。同理，木质素产业作为国民经济发展中的一项重要产业，其竞争强度也受到五种力量的影响，分别是现有竞争者（例如，山东高唐多元木质素有限公司、山东高唐鑫亚木质素有限责任公司）、供应商（主要是造纸业和纸制品行业的原材料供应商、煤炭行业的动力能源供应商）、潜在进入者（造纸和纸制品产业的水平一体化的威胁者、化工企业的相关多元化经营）、下游产业（化肥制造业、陶瓷业、煤化工产业和石油加工业等）、木质素需求者。因为，木质素及其改性产品拥有价格低廉、性能稳定等显著性优势，所以，它们成为分散剂、吸附剂/解吸剂、石油回收助剂及沥青乳化剂等高价格产品的替代品，具有较强的市场竞争能力，从而，木质素及其改性产品的替代品对木质素产业竞争力的影响甚微。因此，本部分内容就主要是从现有竞争者、供应商、潜在进入者和买方这四种力量对木质素行业的产业结构竞争力，以及产业结构竞争力对资本结构调整的作用机理进行案例分析。

（一）现有竞争者规模、集中度、产品差异化和退出壁垒等因素对 A 公司资本结构调整的影响

1. 现有竞争者规模、产品集中度对 A 公司资本结构调整的影响

笔者对全国最大的木质素生产基地的调查结果表明，中国 80%的木质素及改性产品都产自于山东省高唐县的四家企业，分别是 A 公司、山东高唐多元木质素有限公司、山东高唐鑫亚木质素有限责任公司、山东高唐伟力化工科技有限责任公司。这四家企业大都积极响应高唐县大力发展循环经济的号召，以山东泉林纸业集团打造的基于农作物秸秆综合利用的循环经济发展平台为契机，集中注册成立于 2008 年和 2009 年。截止到 2014 年年底，这四家企业共建成木质素及改性产品的生产塔 12 座，每家企业的投资规模相当，均为 600 万元左右；每家企业的年均产能也基本相当，大都维持在 15 万吨的水平上；这四家企业木质素及改性产品的生产量占高唐县全年总产量的 81.5%。可见，这四家企业所生产的木质素及改性产品在高唐县范围内具有非常高的集中度，使得高唐县木素质及改性产品的生产呈现出高度寡头垄断的市场结构。

从 A 公司与其他三家企业之间的竞争来看，一方面，这四家企业生产所需要的原材料（主要是黑液）都来自于同一个供应商，因而它们的原材料成本基本相同；另一方面，这四家企业具有相同水平的产能，因而它们的动力能源成本也基本相同。显然，这四家企业木质素及改性产品的生产成本大致相同，由此，A 公司与其他三家企业之间展开竞争的重点就集中于产品的市场推广、销售网络的建立和维护上。

从 A 公司与国内其他地区同业公司之间的竞争来看，国内其他生产木质素及改性产品的公司主要有湖北省武汉华东化工有限公司和吉林省图们市鹏程化工产品有限公司，这两家企业木质素及改性产品的生产规模较小，产量不高，且主要从事木质素及改性产品的销售业务，因而，A 公司与国内其他地区同业公司之间的竞争不是很激烈，国内其他地区同业公司对 A 公司的产业结构竞争形成不了明显的威胁。

鉴于此，A 公司就将与全国范围内同业公司之间竞争的重点集中于以下两方面：（1）降低木质素及改性产品的市场推广费用和市场销售费用；（2）提高木质素及改性产品的市场推广效率和市场销售绩效。通过这两条路径，A 公司的获利水平得到了大幅度提高，融资能力大幅度增强，资本结构得到了调整。

2. 产品差异化对 A 公司资本结构调整的影响

竞争者产品的差异化，尤其是质量方面的差异化定位决定企业的盈利能力。在国内，木质素的生产原材料主要是黑液，国内黑液的生产以价格低廉的秸秆为主要原材料，采用的生产方法为酸法制浆工艺；而在国外，木质素的生产原材料也是黑液，但是，国外黑液的生产以价格较高的木材为主要原材料，采用的生产方法为碱法制浆工艺。两种副产品生产所采用的制浆工艺不同，从而黑液的PH 值也就不同，以黑液为主要原材料所生产出来的木质素的质量也就大不相同。因为以松木为原材料、采用碱法制浆工艺生产出来的黑液的质量较好，从而以此类黑液为主要原材料所生产出来的木质素及改性产品的质量也就较好，这导致国外木素质及改性产品的销售价格是国内木质素及改性产品销售价格的近 3 倍。而且，国内木质素及改性产品的生产企业因受造纸原材料供给及其供给价格的影响，生产成本较高，缺乏价格层面上的市场竞争力。因而，从国内外两方面来看，国内木质素及改性产品的生产企业不具有国际竞争优势，这也决定了 A 公司的竞争重心必须另辟蹊径。为此，A 公司开辟的蹊径就是通过技术研发、冲突技术壁垒，占据行业甚至产业制高点。经过这两三年的努力和技术创新突破，A 公司的产品质量得到了提高，与同业公司之间的产品差异化程度得到了增强，从而，A公司的国内市场竞争力有了显著提高、国际竞争优势有了明显增强。如此，A公司的获利水平有了一定程度的提高，这有利于A公司资本结构的调整。同时，因为A公司竞争重心转向了研究与开发竞争优势的构建，所以，A公司大幅度增加了对研究与开发的投资，融资的吸引力有了增强，这在一定程度上降低了资本结构调整的成本，提高了资本结构的调整效率。

3. 退出壁垒对A公司资本结构调整的影响

因为产业特性，木质素及改性产品的生产具有较高的资产专用性。从A公司的情况来看，专用性资产主要包括基于原材料运输安全和运输成本考虑的厂址、适用于木质素及改性产品生产所需的在物理特性和工艺特性上专门设计的专用制造设备、公司为研发新产品而投资的人力资产，等等，这些资产在一定程度上构成了A公司强大的退出壁垒。只有在A公司无法顺畅、低成本地获得木质素及改性产品生产所必需的原材料黑液的情况下，A公司才会退出该行业，不去参与市场竞争；否则，A公司会继续留在该产业领域参与市场竞争。在对A公司董事长的面对面访谈中，该董事长表示，在可预见的一段时间内，A公司在获得原材料黑液方面不存在问题，公司也确实面临着专用性资产的高昂退出壁垒，这倒逼A公司也在不断地调整资本结构，以增强其市场竞争力。

（二）原材料供应商的供给行为对A公司资本结构调整的影响

前述章节的理论分析表明，原材料供应商的供给约束及其供给行为决定在位厂商的竞争模式和组织方式，改变在位厂商所在行业的竞争结构和盈利水平，从而促进企业资本结构的调整。从A公司的原材料供应商的供给约束来看，在国内，造纸行业的国家强制性规定限制了原材料供应商对A公司的供给水平，高唐县所打造的"大型造纸企业＋木质素生产企业集群"的发展模式垄断了A公司原材料的供给。泉林纸业企业内循环经济对黑液的需要波动，增加A公司的运营成本和现金流风险，降低了A公司的盈利水平，从而限制了A公司资本结构的调整。

自 2006 年以来，国家环境保护部陆续出台了《清洁生产标准——造纸工业（硫酸盐化学木浆生产工艺）》（HJ/T 340—2007）、《漂白化学烧碱法麦草浆生产工艺清洁生产标准》 （HJ/T 339—2007）、《制浆造纸工业水污染物排放标准》 （GB 3544—2008） 和《清洁生产标准——造纸工业（废纸制浆）》（HJ 468—2009）等清洁生产和排放标准以来，国内大型造纸企业纷纷对企业进行技术改造，而环境保护部的清洁生产新规，尤其是热电联产的碱回收系统不仅运营成本高昂，而且致使制浆产生的黑液中的木质素在碱回收工艺中被烧掉，这导致国内大型造纸企业不可能为木质素及改性产品的生产企业提供所必需的原材料。但是，从对 A 公司董事长的面对面访谈中，我们了解到，在国内，部分小型造纸企业因规模小、盈利水平低、财务能力差等原因，导致无法达到环境保护部的生产要求而被迫关停，部分小型造纸企业并没有按照环境保护部的清洁生产的要求进行技术改造，而是通过后向一体化经营的方式成立了子公司，对制浆过程中产生的黑液直接进行木质素的提取、生产加工，这导致子公司的排放水平远远超过清洁生产所要求的排放标准，但是，这种"造纸企业＋木质素生产企业"的一体化清洁生产模式并没有得到国家环境保护部的认可。

山东泉林纸业有限公司是全国第一家以发展循环经济为根本目标的大型造纸公司，该公司的主要原材料是农作物秸秆，有着雄厚的技术研发实力，开发出了大量实用性新工艺、新技术，并应用于实践，生产出了许多高附加值的产品和副产品，纸产品结构日益丰富和完善，例如，充分利用制浆废液生产出了高附加值的黄腐酸肥料，对制浆中段水综合治理后用于农业灌溉和回用于生产。在高唐县，包括 A 公司在内的大部分木质素生产企业所需要的原材料黑液，全部来源于山东泉林纸业有限公司。这些企业在高唐县落户，非常重要的一个原因就是，山东泉林纸业有限公司在造纸过程中所产生的黑液总量，远远高于该公司这个循环经济体对制浆黑液的需求。在这些木质素生产企业没有在高唐县落户之前，高唐县黑液的供给大于需求。也因为如此，中国最大的木质素生产基地、木质素生产企业集群在高唐县的形成和发展，是市场配置资源的一个必然产物。随着大量木质素生产企业在高唐县的陆续落户，这些企业对黑液的需求也大量增加，由此，高唐县黑液的供给呈现出小于需求的趋势，即高唐县范围内黑液的供给与需求之间的关系发生了反转，黑液的供给小于需求，这导致黑液供给价格的快速大幅度上涨。A 公司 2010—2014 年的财务报表数据显示，A 公司所获得原材料黑液的价格由 2010 年的 120 元/吨快速上涨到 2014 年的 360 元/吨（见图 7—2），5 年间上升了 240 元/吨，年均上升幅度高达 40%。原材料黑液价格的快速大幅度上涨，导致 A 公司木质素及改性产品的生产成本大幅度提高，产品毛利率下降，A 公司资本结构的调整受到限制。

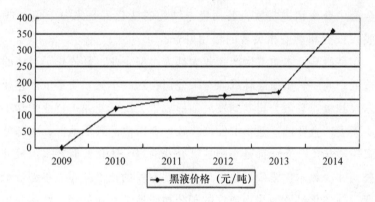

**图 7—2　造纸企业制浆过程所生产出来的黑液的价格**

资料来源：山东省高唐县 A 公司财务报表（2010—2014）。

同时，高昂的运输成本进一步增加了造纸企业对黑液供给量和价格的绝对控制权，造纸企业具有较强的讨价还价能力，这导致木质素生产企业的盈利空间被压缩，从而影响到企业的资本结构调整。从 A 公司的情况来看，A 公司与黑液供给的造纸企业之间的合作模式，最初是"零支付 + 运输补贴"模式，2012 年开始改为了"先付款，后提货"模式。合作模式的改变，在很大程度上挤占了 A 公司的现金流，加大了 A 公司的财务风险，倒逼 A 公司进行资本结构的调整。再之，A 公司由于受到了原材料黑液运输成本约束的影响，不得不随时根据泉林纸业这一唯一供应商黑液供应量的变化，而被动地调整自己的生产时间，在很大程度上影响到了公司木质素的产量水平，从而影响到了 A 公司对其下游的木质素需求者的稳定、持续供应。造纸企业对 A 公司黑液供应量的波动，对 A 公司资本结构的调整产生了两方面的影响：第一个方面的影响是，原材料供应的波动具有传递效应，这一方面降低了生产设备的利用率，另一方面，减少公司的营业收入，从而制约了公司资本结构的调整；第二个方面的影响是，从 A 公司的角度来分析，A 公司为应付原材料供应波动带来的传递效应，这导致 A 公司倾向于采取保守的财务行为，不向银行机构申请贷款。在对 A 公司董事长的面对面访谈中，董事长表示，自公司成立起到 2014 年年底，A 公司不曾向金融中介申请过贷款，公司资本结构的变化都是来自于单一股东的股权投资和利益相关者的信用融资。

在高唐县，木质素生产企业大都为小型企业，且依托于当地的大型造纸企业——山东泉林纸业有限公司，这些小型木质素生产企业与山东泉林纸业有限公司共同发展，形成了大型纸业龙头企业带动小型木质素生产企业的产业集群发展模式；在国内的其他地区，大部分木质素磺酸盐生产企业都是小型造纸企业通过一体化经营模式而成立的子公司，少数木质素磺酸盐生产企业是专业的化工公司。小型造纸企业通过一体化经营模式而成立的子公司受造纸企业的产业结构竞争的影响较大，因为，无论是从规模经济、范围经济的角度来分析，还是从外部政策环境的变化来看，国内小型造纸企业的经营状况日趋恶化。2008 年以前，国内最大的木质素及改性产品生产企业是河南海明纸业有限公司通过后向一体化经营的方式而投资成立的河南舞钢市海明科技有限公司，该公司成立于 2000 年，注册资本 2000 万元，总资产 5117 万元，到 2005 年年底，该公司实现销售收入、企业增加值和税金分别为 2650 万元、680 万元和 144 万元。相较于高唐县产业集群的每一个木质素生产企业的经营效益，河南舞钢市海明科技有限公司的经济效益更高一些，但是，该公司却因河南海明纸业有限公司制浆业务的停止而失去了原材料的来源，导致公司被迫关闭，退出市场。吉林省图们市鹏程化工产品有限公司成立于 2000 年，坐落于吉林省延边朝鲜族自治州图们市，是一家专业从事有机和无机的精细化工类产品研发、生产、销售，以及完善的售后服务的企业。该公司以取材便利的松木作为造纸的原材料，以黑液（该类黑液的生产工艺主要采取国际上通用的碱法制浆工艺）为主要原材料进行木质素的生产，该公司对木质素的研发水平在国内处于领先地位，但是，因受到松木砍伐指标的限制，导致市场上松木的供给受到严重影响，从而致使该公司于 2014 年退出市场。

（三）供应商的后向一体化战略对 A 公司资本结构调整的影响

山东泉林纸业有限公司循环经济发展模式的成功运作为造纸企业的清洁生产提供了新的发展思路。党的十八届三中全会公报《中共中央关于全面深化改革若干重大问题的决定》提出，"要使市场在资源配置中起决定性作用"，由此，造纸企业可以根据下游产品（例如，农用化肥、木质素等）的市场状况和碱回收工艺系统的投入产出效应进行自主选择适宜的运作模式，木质素生产的原材料将由垄断式供应模式转向竞争式供应模式，制约木质素行业发展的原材料瓶颈将得以有效突破。在我国的造纸业中，规模以上企业的数量由 2006 年的 4035 家增加到 2012 年的 5235 家，7 年间增加了 1200 家。其中，一方面，2007—2009 年，由于国内陆续出台了关于造纸企业的清洁生产标准，导致规模以上造纸企业出现了短期下滑；另一方面，2010 年废水治理设施套数增加，废水运行费用大幅增长 31.84%，也导致规模以上造纸企业数量减少。但是，规模以上造纸企业的废水排放量自 2008 年以来一直呈现小幅减少趋势。除 2011 年之外，废水治理运行费用一直呈现不断增长态势，由 2006 年的 315860 万元增长到 2010 年的 649144 万元，并且，在 2012 年，废水排放量仍然高达 343000 万吨（见表 7—1）。如果造纸企业对废水排放量可以自主选择清洁处理方式，即使只有 20% 的造纸企业自主选择采用发展循环经济的模式来解决制浆黑液问题，那么，A 公司将会通过自建或者横向一体化的发展方式，形成多地建厂格局，应对造纸企业黑液供给波动，A 公司的生产运营也会趋于稳定。这一模式将有利于 A 公司降低运营成本，扩大生产经营规模、实现规模经济，提高 A 公司的讨价还价能力，提升长期盈利能力，从而促进其资本结构的调整。

表 7—1　　　中国规模以上造纸和纸制品企业的废水处理情况

| | 汇总工业企业数（个） | 废水排放总量（万吨） | 废水排放达标量（万吨） | 废水治理设施数（套） | 废水治理设施处理能力（万吨/日） | 本年运行费用（万元） | 不达标排放量（万吨） |
|---|---|---|---|---|---|---|---|
| 2006 | 4035 | 374407 | 336213 | 4903 | 2002 | 315860 | 38194 |
| 2007 | 5818 | 424597 | 382974 | 5649 | 2170 | 433757 | 41623 |
| 2008 | 5759 | 407675 | 375124 | 5417 | 2278 | 461576 | 32551 |
| 2009 | 5771 | 392604 | 367176 | 5477 | 2396 | 510128 | 25428 |
| 2010 | 5570 | 393699 | 378019 | 5551 | 2548 | 649144 | 15680 |
| 2011 | 5871 | 382264 | — | 5122 | — | 610290 | — |
| 2012 | 5235 | 343000 | — | — | — | — | — |

资料来源：2006—2010 年的数据来自于中国经济与社会发展统计数据库，2011—2012 年的数据来自于中国环境保护部网站（http：//www.zhb.gov.cn）。

另外，因为大型造纸企业资本实力雄厚，管理能力强，并且拥有更加完善的产品开发和技术开发团队，所以，大型造纸企业可能不采用山东省高唐县"大型造纸企业＋小型木质素生产企业"的产业集群发展模式，而是采取后向一体化的方式直接参与木质素及其改性产品的生产、研究与开发。由此，A 公司所面临的竞争格局将转向大型造纸企业与依托多家造纸企业而成立的木质素专业生产、研发和销售的大公司并存的状态，这导致 A 公司所面临的产业竞争升级，长期盈利能力增强，木质素产业内 A 公司的战略转型加速其资本结构的重新调整。

（四）下游用户产业结构竞争强度对 A 公司资本结构调整的影响

A 公司的下游用户主要包括农业有机化肥业、陶瓷业、煤化工业和石油加工业等。在高唐县这个中国最大的木质素生产基地，山东泉林纸业有限公司采用后向一体化战略的方式进入农业有机化肥产业，并且，这也是该公司循环经济发展的重要组成部分。以下内容就主要分析陶瓷业和煤化工业如何通过产业竞争强度影响 A 公司资本结构的调整。

陶瓷业属于高耗能、高污染行业。2010 年 10 月 1 日，国家环境保护部出台的《陶瓷工业污染物排放标准》正式实施，这导致陶瓷行业企业数量由 2010 年的 2407 家下降到 2011 年的 1741 家，此后，企业数量又逐步恢复到 1800 家左右，但是，陶瓷行业的主营业务收入不降反升（见图 7—3），这表明，陶瓷行业的市场集中度在不断提高，陶瓷企业的实力在日益增强[1]（见图 7—4），在产业链中的谈判能力逐步增加。工业和信息化部 2013 年出台的《建筑卫生陶瓷行业准入标准》在 2014 年 1 月 1 日正式实施。《建筑卫生陶瓷行业准入标准》提出，为了防止低水平重复建设，促进转型升级，加快转变发展方式，在建设布局、规模、工艺和装备、质量管理、节能降耗、清洁生产、安全生产和社会责任、监督管理等方面对建筑卫生陶瓷企业的生产经营进行了严格规范。并且，《建筑卫生陶瓷行业准入标准》鼓励兼并重组，加快落后产能的淘汰，这导致市场集中度进一步提高，短期内陶瓷产业的产能出现大幅度波动，从而通过产业链减少对上游原材料的需求，加剧木质素产业的竞争。

煤化工业属于典型的"两高一资[2]"行业，煤化工行业的高投资决定了该行业的进入壁垒较高。目前，我国煤化工产业发展已经形成了以中国神华集团有限责任公司、中化化肥控股有限公司、新疆庆华能源集团、联泓集团有限公司、山东兖矿集团有限公司等大型企业集团为主的垄断竞争格局。产业集中度高，企业规模实力雄厚，在产业链中居支配地位，对供应商的讨价还价能力强。

---

[1] 如图 7—3 所示，建筑陶瓷制品制造业的总资产利润率由 2003 年的 3.36% 提高至 2011 年的 14.57%，单位人员效率由 2003 年的 6223 元上升到 2011 年的 46570 元；10 年间，总资产利润率提高了 4.3 倍，单位人员效率提高了 7.4 倍。

[2] "两高一资"是指行业的高耗能、高污染和资源性特性。

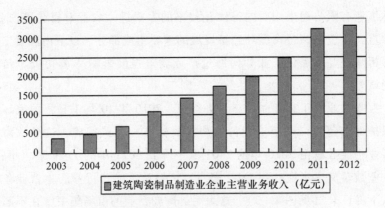

**图 7—3　建筑陶瓷制品制造企业主营业务收入情况**

资料来源：中国社会经济与社会发展统计数据库。

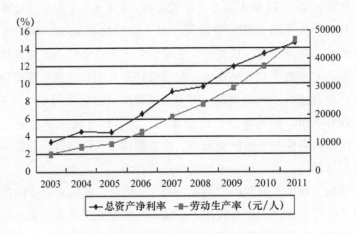

**图 7—4　建筑陶瓷制品制造企业运营效率情况**

资料来源：中国经济与社会发展统计数据库。

　　木质素改性产品广泛应用于煤化工产业的水煤浆生产中，且木质素改性产品作为水煤浆生产的分散剂因其价格低、制浆稳定性好、可再生和无毒等特点，成为了影响水煤浆质量的重要材料。木质素改性产品的这一特性降低了煤化工企业对木质素价格的敏感度，提升了木质素行业的盈利能力。但是，自 2011 年以来，石油行业工业品出厂价格指数持续下跌，这对煤化工产业的产成品生产造成较大压力，使得煤化工产业的盈利空间不断降低，产业链的传递效应日益加大。同时，煤化工企业利用其强大的议价能力，调整了与 A 公司的合作方式（由"经销现付"模式改为"三个月或者半年账期"模式），这使得 A 公司的现金流风险凸显，激励 A 公司加快其资本结构的调整。

上、中、下游企业的可持续发展能力受到原料市场结构、销售价格和采购成本的影响。《中国统计年鉴》中的统计数据表明，就生产基本原材料的制造企业来看，能源、原材料成本占总运营成本的90% 以上，盈利能力受能源、原材料采购成本、基本原材料销售价格的影响明显；而就生产中间产品的制造企业来看，能源成本大体只占总运营成本的 10%，原材料成本大体占总运营成本的 70%—80%。中间产品的销售价格取决于下游产业的市场结构，中游企业中间产品的销售价格构成了下游企业的购买价格，但是，下游企业可以通过提高产品的差异化程度来缓解中间产品价格上涨所带来的压力。

从 A 公司所面临的情况来看，A 公司的上游企业垄断了原材料黑液的供应，而下游用户又主要集中在市场集中度较高、资金投资能力较强的大型企业，A 公司所生产木质素及改性产品的买方具有较强的讨价还价能力，在与 A 公司的合作中处于强势地位。处于产业链中游的 A 公司，其盈利能力主要受到上游寡头垄断和下游垄断竞争市场结构的双重掠夺。但是，相较于木质素及其改性产品的替代品来说，木质素及改性产品具有价格低廉、性能稳定、无污染、无毒等特点，因而成为下游企业的首选原材料。一般来说，木质素及其改性产品的质量越高，其对下游产业的产品质量及价格的影响也就越大。因而，开发升级换代的高质量产品和高附加值的新用途产品才是 A 公司获得长期竞争优势的决定因素，也因此，A 公司这两年以来，一直将技术驱动型的产品差异化策略作为公司的占优策略。从 A 公司的长期发展趋势来看，A 公司有通过权益资金增加研发的激励，有通过技术进步的方式来缓解要素成本上涨和上下游掠夺行为的压力。从高唐县四家木质素生产企业的研发投入水平看，木质素行业平均研发投入占销售收入的 1.3%，而发达国家化学工业企业研发投入一般占销售收入的 5%，世界知名大型企业的这一比例高达 10%。由此可见，

A 公司所面临的市场结构竞争强度越大，其所调整资本结构的动机就越强，但是，A 公司资本结构的调整速度还受外部资本市场的影响。

## 二 A 公司的资源竞争力与资本结构调整

关于资源与企业竞争力之间的逻辑关系的研究中，最具有代表性的是巴尼（Barney，1991a）、Peteraf（1993）的研究文献。巴尼（Barney，1991a）认为，企业获取竞争优势依赖于资源的有价值性和稀缺性，而企业的持续竞争优势取决于资源的难以模仿性和不可替代性。Peteraf（1993）则从租金的角度来研究分析资源与企业竞争能力之间的关系，研究结论表明，只有具备了异质性、对竞争的事后限制、不完全流动性、对竞争事前限制这四个特性的资源才能给企业带来持续的竞争优势，企业也因此才能不断提升企业的竞争能力。因此，本部分内容就以巴尼（Barney，1991a）所提出的四个资源特性（分别是有价值性、稀缺性、难以模仿性和不可替代性）为基础，结合 Peteraf（1993）的研究成果，对 A 公司的资源竞争力以及资源竞争力对资本结构调整的影响进行案例分析。

（一）A 企业的物质资源竞争力对资本结构调整的影响

巴尼（Barney，1991a）从资源形态角度，将资源分为物质资源、人力资本资源和组织资本资源三种类型，其中，物质资源主要包括有形资源（例如，厂房、设备等）和无形资源（例如，技术、地理位置、获取原材料的便利性等）；人力资源包括企业的管理人员、技术人员以及与企业人员不可分的知识和技能；组织资本资源则是指企业的正式或者非正式组织结构和制度。巴尼（Barney，1991a）对资源的分类没有明确区分企业资源和能力，而格兰特（Grant，1991）则认为，企业的资源和能力是两个不同层次的概念，两者既有紧密的联系，也有明显的区别，资源是获取能力的基础，能力则是对企业所拥有和控制的资源进行识别、开发、整合和发展利用等，能力体现和反映了资源的利用效率。因此，格兰特（Grant，1991）将资源界定为物资资源、人力资源、财务资源、技术资源、声望资源和组织资源。而按照巴尼（Barney，1991a）对组织资本资源的理解，组织资源应该是企业高层管理者（人力资源）对企业战略的适应性安排，属于能力范畴。另外，根据格兰特（Grant, 1991）对资源的分类，企业的高层管理者，尤其是小企业的企业主或者所有权和经营权完全分离的企业经营的实际控制人，不应该仅仅是企业的资源，更是企业能力的重要内容，因此，本部分内容的案例分析中，我们将企业资源界定为有形物资资源（例如，厂房，设备等）、通用型人力资源、合同资源、技术资源和声望资源等，将企业主或者高层管理者、组织资本资源（企业制度）作为企业能力竞争力来源。

从 A 公司所拥有的资源来看，公司的物质资源主要包括旋送分离干燥塔、引风机、链条式热风炉等木质素提炼设备和厂房。其中，旋送分离干燥塔属于价值高、专用性强的专用设备；引风机和链条式热风炉属于价值相对较高而通用性较强的通用设备。这些装备都是 A 公司生产木质素及改性产品所必需的装备。A 公司的这些物质资源无论其是否具有专用性，但都不具备资源的稀缺性、不可模仿性和难以替代性等特点，因而，从长期来看，这些物质资源都不太适合成为 A 公司资源竞争力的真正来源。但是，这些物质资源具有很高的价值，具有较强的可抵押性，属于金融中介比较认可的抵押物，因此，从这个角度来看，A 公司所拥有的这些物质资源在很大程度上增强了公司获取贷款的可能性，为 A 公司资本结构的调整提供了一定程度的保障。

A 公司的厂房是有别于生产设备的地点型专用性资产，因其依原材料就近选址而具有较强的资产专用性，构成了 A 公司资源竞争力的一个重要来源。厂房除了具有不动产属性之外，还具有专用性强的特点，因而成为了一种重要的信贷抵押物，也成为企业降低运输成本和增加可挤占性租金的重要资产。2015 年初，因产品市场竞争加剧，A 公司将这些资产通过抵押贷款方式向银行贷款，调高了企业的资产负债率。同时，A 公司的固定资产投资总额由 2010 年的 607 万元增长到 2014 年的 1415 万元，并且，所有固定资产投资均来自公司内部的留存收益和股东的再投资，A 公司的融资行为符合融资优序理论，首先，A 公司最偏好内源融资；然后，择机进行外部债权融资，也就是说，A公司的融资优序总是先内源、后外源，在外源当中，又总是先债务、后权益（Myers，1984；Narayanan，1988；Heinkel and Zechner，1990；Ang，1991）。

（二）A公司的人力资源对资本结构调整的影响

周其仁（1996）在其论著《市场里的企业：一个人力资本与非人力资本的特别合约》中指出，企业是人力资本与非人力资本的特别合约。人力资本是通过个人和企业对人力资源的投资所形成的，人力资本的产权（例如，知识、经验、技能、信息等），即所有权、使用权、占有权、处置权和收益权的配置决定了人力资本的投资主体。人力资本产权的权能束的特性和企业对人力资本投资的股权/债权判断决定了企业对人力资本的投资方式。一般来说，企业拥有的人力资源可分为两种类型：一种类型是具有明显股权特性的经营者；另一种类型是具有明显债权特性的员工①。因为，企业的经营者，尤其是高层管理者受聘于企业的行为与其他货币投资者一样，拥有企业的剩余索取权和控制权②。企业的一般员工的人力资本从获取的报酬性质和支付方式来说，具有债务融资的特性。一般员工劳动的报酬是预付的，而且，一般员工按照合约只是获得了人力资源的补偿性报酬。人力资本的所有权归属于拥有该所有权的个人（Lordrer and Mrtin，1990），具有"天然属于个人"的特性（周其仁，1996），而且还具有有限可分性、排他性、可有限让渡或者转让等特点。

从A公司的情况来看，A公司拥有员工70余人，其中，技术人员12人，拥有教授职称的员工1人，博士研究员1人，工程师2人。

① 多数学者（例如，Jensen and Murphy，1990）认为，企业的经营者，尤其是高层管理者具有明显的股权特性，他们对企业的投资开始于企业成立时，与其他货币资本一样，拥有企业的剩余索取权和控制权。而颜雷等（2002）、Lev（2003）则认为，人力资本具有企业负债性质，是资产负债表中没有反映的负债。

② 企业高层管理者的薪酬模式一般有两种：一种模式包括基本薪酬＋业绩奖励薪酬；另一种模式年薪制。显然，企业高层管理者的报酬水平与企业的经营状况密切相关。而一般员工的薪酬，则类似于计件工资，受企业业绩的影响比较小，而且，一般员工人力资本的可处置权可以低成本转移。同时，由于人力资本天然属于个人，因此，公司不可能通过负债的途径来增加对人力资源的投资。

A公司虽然是民营企业，但是，公司自成立之初就设定了企业的治理结构，实现了企业所有权和经营权的分离，并制定了经营权与公司剩余索取权相一致的薪酬制度。总经理作为 A 公司的重要人力资源，A公司对总经理的投资包括知识、技能和健康的投资，以增加 A 公司的人力资本价值，提升公司竞争力。由此可见，A 公司倾向于对总经理进行人力资本投资。同时，A 公司所在行业的特点决定了公司对科研人员的权益投资倾向。而一般员工人力资源市场的竞争激烈、流动性强，因而，A 公司认为，一般员工的债权属性大于股权特性，不愿意对其进行任何形式的权益投资。在 A 公司，随着人力资源所具有的资本股权属性越来越小，人力资源投资收益的个人属性越大，公司越不愿意对其进行权益投资。

（三）A 公司的合同资源对资本结构调整的影响

合同资源指的是公司拥有的特许经营协议、代理协议、合作协议和产权租赁等，合同资源是制造业企业的重要资源。A 公司与山东泉林纸业有限公司的长期供货协议，与山东省、江苏省常州市、湖南省、内蒙古自治区、新疆维吾尔自治区等地木质素及改性产品需求公司的直接供货协议，与一些国内外贸易公司的出口代理协议等都是A 公司重要的合同资源。这些合同资源是 A 公司获取竞争力的重要资源，是降低公司运营成本、提升盈利能力的重要保障。A 公司与山东泉林纸业有限公司所签订的长期供货协议，可以保障 A 公司所需原材料黑液的稳定供应，减少市场供求波动所带来的影响；A 公司与下游企业的代理协议和供货协议可以保证公司产品的销售。A 公司合同资源的付款方式，影响了 A 公司的现金流，改变 A 公司的资本结构。但是，A 公司合同资源的获取和合同资源给公司带来的价值与本公司的总经理直接相关，是公司总经理能力的体现。因此，A 公司总经理的能力决定了公司资本结构的调整；合同资源影响 A 公司的竞争力，合同的付款方式影响资本结构的调整。

（四）A 公司的技术资源竞争力对资本结构调整的影响

技术资源是木质素生产企业的重要资源。A 公司现有产品组合受制于公司的技术资源，A 公司在成立之初，就申请了一份专利，但是，这一专利并没有真正地运用到公司的产品研究和生产中，没有给公司带来直接的收益。A 公司当前的研究与开发仅限于木质素提炼技术和少数改性产品的研发。自 2010 年以来，A 公司每年平均产品研发投资仅为 40 万元，占公司主营业收入的 1.4%，略高于行业平均水平。木质素原材料属于同质化的产品，市场竞争激烈，木质素改性产品的价格是木质素原材料价格的 1 倍甚至数倍，盈利潜力巨大。但是，A 公司的主营业务收入主要来自于木质素原材料的销售。这说明，A 公司研发投资额少，投资水平不高，A 公司技术资源匮乏，发展潜力受到制约，公司专用性技术资产的投资对公司竞争力的影响较小，对资本结构现实的调整影响较小。当前，木质素原材料竞争越激烈，A 公司的研发动机就越强，公司就越有可能增加权益资本用于新产品的研发。

（五）A 公司的无形资产资源竞争力对资本结构调整的影响

品牌和声誉是企业所拥有的典型无形资产，是公司不断投资所形成的重要资产。A 公司自 2009 年成立以来，不断提高企业的营业费用（例如，广告、营业推广以及公共关系）来提高产品品牌的知名度和美誉度，单位营业收入的营业费用呈现逐年增加的趋势，从 2010 年的 4% 增加到 2014 年的 8%。同时，A 公司无形资产的价值也不断增加。第四章的理论分析结论表明，公司倾向于用权益资本投资于资产专用性较强的无形资产，这也可以从 A 公司的财务资料中得到佐证，自 2009 年成立以来，公司无形资产的投资（总计 273 万元）全部来自于公司的权益资本。但是 A 公司对无形资产的投资并没能表现在公司的品牌价值上，A 公司木质素原材料的销售价格由 2010 年的 1500 元/吨降到 2011 年的 1200 元/吨后，在 2012—2015 年间，A 公司的木质素原材料销售价格一直保持不变。从 A 公司的主营业务收入和主营业务利润的增长率来看（见图 7—5），A 公司从 2010 年到 2014 年的主营业务收入增长率基本保持不变，并且维持在较低的水平，而公司主营业务利润增长率变化较大，这表明，现阶段 A 公司的产品品牌附加值仍然较低，A 公司通过无形资产资源调整公司资本结构的能力还比较小。

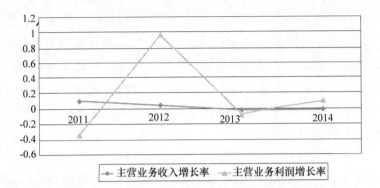

**图 7—5　A 公司 2010—2014 年主营业务相关数据**

### 三　A 公司的能力竞争力与资本结构调整

由第四章的理论分析可知，中小企业的能力竞争力主要体现为企业主和企业制度的能力。企业能力竞争力对资本结构调整产生影响的作用机理是：企业能力⇨企业主和企业制度⇨运营效率⇨资本结构。

A 公司自成立起就建立起健全的企业职业经理人制度，A 公司的实际运营者是公司的职业经理人，所以，职业经理人的能力（即企业家的能力）和企业制度的能力反映了 A 公司的能力竞争力。现代人力资本理论将职业经理人视为企业家。企业家的能力与企业资本积累、资本回报率、人均产出率正相关，并且企业家能力的提升可以改善企业的贸易条件，从而提升企业的运营效率，促进企业资本结构的调整。A 公司的职业经理人拥有 10 年的快速消费品市场推广经验、3 年的分管企业财务部门和行政部门的管理经验，这表明，首先，A 公司的总经理不仅拥有丰富的市场拓展能力，而且拥有带领团队的综合管理能力和战略管理能力。其次，A 公司的总经理拥有较强的学习能力。在其职业生涯的个人学习经历中发现，他不仅学习过与企业运营管理相关的课程，还系统学习企业财务管理、金融管理、人力资源管理、经济法等方面的知识。另外，A 公司的总经理为人真诚、人脉广泛，拥有较高的社会资本。在 A 公司总经理人的带领下，A 公司成立不到两个月，就与中国科学院长春应用化学研究所、山东师范大学油化研发中心建立了密切的产、学、研合作关系，并与山东师范大学油化研发中心合作成立了木质素研发中心，这不仅为 A 公司的新产品的后续开发提供了有力的保障，还大大增加了公司客户对其产品的认可度，提高了公司预期的盈利水平。A 公司的总经理还在优化生产流程、改进产品质量、积极开拓下游客户市场等方面取得了骄人的成绩。通过与 A 公司企业主和员工的访谈可以得知，A 公司总经理不仅得到了企业主的认可，也得到了 A 公司各个层面上员工的信服。A 公司在 2009—2014 年间，市场份额由 2009 年的 6% 上升到 2014 年的 16%，总资产净利率由 6% 上升到 11%，企业的负债率由 40% 提高到 52%，公司资本结构得到不断优化。A 公司的企业主和财务经理都认为，总经理是公司资本结构调整的最重要力量。这与姜付秀、黄继承（2013）的研究结论类似，公司 CEO 的能力越强，公司的负债水平越高，公司调整资本结构的速度也就越快。

A 公司虽然是一家私营企业，但是，公司自成立之初就建立起完善的公司财务管理制度、生产制度和技术创新制度等。对于中小企业来说，企业财务制度是规范企业财务资源获取与使用行为、协调企业内外部财务关系、处理企业财务危机的重要保障。A 公司建立了包括企业主、职业经理人、管理部门不同层级的财务管理权限和职责。在企业主的授意下，A 公司总经理在法人财产的经营权下行使财务管理职责。A 公司的财务经理由企业主直接委派，直接归总经理管理，但其又可以代表企业主行使对总经理的财务督察权。由此可知，A 公司建立起企业主、总经理和财务经理的三方制衡监督机制，这一机制既可以保证企业主的重大决策权，又能发挥总经理的经营自主权，从而提高了企业资金的使用效率。A 公司为进一步提升资金的使用效率，还建立完善的票据印鉴管理制度、文件档案管理制度、内部审计管理制度等现金管理制度。张涛（2008）认为，公司的竞争能力取决于公司成本费用的水平，企业的成本费用越低，公司的竞争能力越强。A 公司作为一家农村中小企业，特别强调公司的成本费用管理。A 公司的单位产品管理费用（采用管理费用/主营业务收入来衡量）由

2010 年的 5.49% 下降到 2014 年的 3.86%，大大低于同行业 7% 的水平，提高了 A 公司的管理效率，促进了公司资本结构的调整。

# 第三节　本章小结

对山东省高唐县 A 公司的案例分析表明，A 公司因处于木质素产业链的中间环节，导致 A 公司所面临的市场竞争激烈，结构竞争力较弱，这在很大程度上阻碍了 A 公司的资本流动，影响着其投资能力、偿债能力和自由现金流，使得其长期盈利水平低下，从而阻碍了公司资本结构调整的步伐和优化。A 公司属于制造业，产业属性特点决定了公司的专用性资产较多，这使得公司固定资产等长期资产的市场交易频率减少、交易成本降低，从而公司的治理结构更加合理，这些因素有利于 A 公司资本结构的调整。A 公司成立的时间虽然不长，但自成立起就建立了健全的企业职业经理人制度、财务管理制度，使得公司的运营效率逐年提升，从而促进了公司资本结构在近几年中的不断优化。

# 第八章 研究结论、展望及政策建议

## 第一节 研究结论

本书在细致梳理国内外现有文献关于企业资本结构调整问题的研究成果的基础上，从理论和实证两条路径对中小企业竞争力对资本结构调整所产生的影响及其作用机理进行系统、深入的研究，得出的主要研究结论有以下几点。

### 一 理论研究结论

（1）通过对资本结构理论、竞争力理论等基础理论的回顾和分析，提炼出"竞争力是研究企业资本结构调整问题的新切入点和独特视角"。

（2）企业竞争力按其来源，主要可以分为结构竞争力、资源竞争力和能力竞争力这三种类型，这三种类型的竞争力与企业资本结构调整之间有着深刻的内在逻辑关系，这三种竞争力作用于资本结构调整的机理有所不同。其中，结构竞争力对资本结构调整产生影响的作用机理是：结构竞争力⇨资本流动⇨投资能力、偿债能力和自由现金流⇨资本结构。资源竞争力对资本结构调整产生影响的作用机理是：专用性资产⇨可挤占租金、交易成本、索取权/控制权⇨治理结构⇨交易规制⇨资本结构。能力竞争力对资本结构调整产生影响的作用机理是：企业能力⇨企业主和企业制度⇨运营效率⇨资本结构。

（3）基于理论分析，提出三个有待实证检验的理论假说，分别是：中小企业结构竞争力与资本结构调整之间的关系不确定，资源竞争力与资本结构调整之间正相关，能力竞争力与资本结构调整度正相关，且能力竞争力对资本结构调整的影响最大。

**二　实证分析结论**

（1）对山东省中小企业调查问卷数据的统计分析表明，中小企业资产负债率偏低，资本结构不合理，并呈现出了明显的相对稳定性特征，调整弹性小。"资金不足和融资难"是制约中小企业发展的首要因素和最主要的外部环境因素，资金缺口很大。银行商业信贷等间接融资仍然是中小企业的主要融资途径和主要融资途径意愿偏好，中小企业融资主要依靠银行商业信贷、内源融资和民间借贷。

（2）山东省中小企业资本结构的现状及呈现出来的特征，在很大程度上与其竞争力状况密切相关。本书构建的动态非平衡面板数据模型的估计结果显示，中小企业结构竞争力与资本结构调整之间呈现反向的变化关系；资源竞争力、能力竞争力与资本结构调整之间呈现正向的变化关系，并且能力竞争力对中小企业资本结构调整的影响更大一些。根据理论分析所提出的理论假说，在动态、非平衡面板数据模型的估计结果中得到了实证检验。

**三　案例分析结论**

对山东省高唐县 A 公司的案例分析表明，A 公司因处于木质素产业链的中间环节，导致 A 公司所面临的市场竞争激烈，结构竞争力较弱，这在很大程度上阻碍了 A 公司的资本流动，影响着其投资能力、偿债能力和自由现金流，使得其长期盈利水平低下，从而阻碍了公司资本结构调整的步伐和优化。A 公司属于制造业，产业属性特点决定了公司的专用性资产较多，这使得公司固定资产等长期资产的市场交易频率减少、交易成本降低，从而公司的治理结构更加合理，这些因素有利于 A 公司资本结构的调整。A 公司成立的时间虽然不长，但自成立起就建立了健全的企业职业经理人制度、财务管理制度，使得公司的运营效率逐年提升，从而促进了公司资本结构在近几年中的不断优化。

# 第二节 研究不足及研究展望

本书对竞争力与资本结构的调整之间的关系进行了积极的探索，并得出了一些有意义的结论，但由于样本数据较少和个人能力有限等原因，还存在一些需进一步细化研究的地方，具体表现在以下几个方面。

## 一 样本数据质量有待提升

从抽样的情况看，本书的样本主要来自于山东省的 13 个地区，样本空间分布广泛，有效样本数量较少，在一定程度上影响了研究的有效性。其次，虽然样本抽样采取了随机抽取的方式，但是随机抽取工作由山东省中小企业局的同志负责，其在抽取样本时难免有地方保护主义倾向，致使样本企业的平均质量可能高于全省平均水平。从中小企业自身的角度看，由于规模以下中小企业普遍存在多套财务报表以及其财务数据处理不规范等现象，中小企业真实数据获取难度较大。在正式调查前，调查小组就调查表的问卷内容与企业财务人员做了充分的沟通。但是，在本次问卷调查中，调查小组仍有 43 份问卷没有收回，问卷回收率仅为 76.88%，并且在已回收的问卷中，调查小组仍然发现了企业填报的一些明显错误数据。

## 二 实证研究选用的变量或者指标需要进一步商榷

本书实证研究章节，在控制变量的选取中，受所获数据的制约，采用营业收入增长率指代中小企业的成长性有一定的局限性。营业收入增长率是反映中小企业以往经营状况的指标，与企业以往一定时期内所处的生命周期、采用的竞争战略，以及产业发展阶段等也有密切关系。国内外学者普遍采用托宾 Q 值和市盈率等指标表示企业的成长机会，但本书研究的中小企业都不是上市公司，市场缺乏对其市场价值的公允评估；同时，中小企业的成长年限相对较短，选择一个更为合适的指标指代中小企业的成长性仍是一个需不断探索的问题。

### 三 资本结构对企业竞争力的影响缺乏系统深入的研究

本书从企业竞争力的三个来源——结构竞争力、资源竞争力和能力竞争力对资本结构调整的影响进行了分析，但是资本结构与企业竞争力是双向互动关系，尤其是资本结构调整对产业竞争强度、资源获取能力、资源利用能力分别产生何种影响，以及这些影响在不同地区、不同行业、不同规模的企业之间是否存在差异；此外，金融制度改革提高企业获取资金的可能性，降低中小企业外部融资的交易成本，促进中小企业开发、获取战略资源和能力，从而提高中小企业的持续竞争能力。那么哪些金融制度改革对改善企业资本结构、提升企业持续竞争力最为有效。这些问题都需要进一步进行深入的探讨与研究。

# 第三节 政策建议

### 一 加强中小企业公共服务平台建设，着力提高中小企业的竞争能力

一个企业资本结构的动态演进受到其所处的外部环境、行业竞争状况、企业特征、企业竞争力等因素的影响。外部环境包括企业面临的宏观环境、经济环境、社会文化、技术和行业等，外部环境的动态性决定了企业资本结构调整的方向和速度。然而，企业资本结构调整的决定性力量源自于企业特征和企业竞争力等内部因素。因此，在企业特征（企业的规模、资产流动性、成长性等）一定的情况下，企业竞争力是企业对外部环境和内部资源权衡努力的直接表现，是企业资本结构调整的决定力量。因此，加强对中小企业竞争力的培育，提升企业资本结构调整的能力是提高资本结构优化的前提。中小企业公共服务平台日益成为中小企业获得各项服务的主要渠道，是产业创新和企业转型的重要载体。自 2006 年在《中长期科学和技术发展规划

纲要（2006—2020）》中明确提出要加强科技创新服务平台建设以来，2009—2014 年在《国务院关于发挥科技支撑作用促进经济平衡较快发展的意见》（2009）、《关于促进中小企业公共服务平台建设的指导意见》（2010）、《"十二五"中小企业成长规划》（2011）、《促进中小企业"专精特新"发展的指导意见》（2013）、《关于加快发展生产性服务业促进产业结构调整升级的指导意见》（2014）、《关于扶持小型微型企业健康发展的意见》（2014）等文件中皆提出加强中小企业平台建设促进中小企业发展的建议。然而，梳理这些政策会发现，还没有专门服务于中小企业主或经营管理人员的公共服务平台，中小企业主或经营管理者作为中小企业竞争能力的重要载体，其能力的提升是中小企业持续发展的重要保障，是企业调整资本结构的内在动力。因此，人力资源社会保障厅有必要出台针对中小企业主或经营管理者的专项长期培训计划，推动中小企业竞争力的培育与发展。

## 二 明确中小企业平等的市场主体地位，创造中小企业公平的竞争环境

早在 2005 年国务院出台的《关于鼓励支持和引导个体私营等非公有制经济发展的若干意见》中就明确指出放宽非公有制经济市场准入，允许非公有资本进入垄断行业、公用事业、社会事业、金融服务业等领域，并提出发展鼓励非公有制经济参与国有经济结构调整和国有企业重组的混合所有制经济。但经过近十年的发展，一些相关配套措施仍然没有出台，而已经出台的配套措施由于"违约"成本低，激励机制不相容，普遍存在政策执行不到位的现象，中小企业发展受到制约。2014 年，国务院在《关于促进市场竞争维护市场正常秩序的若干意见》中，继承和发展了 2005 年的放宽非公有制经济市场准入的政策，明确规定"凡是市场主体基于自愿的投资经济和民商事行为，只要不属于法律法规禁止进入的领域，不损害第三方利益、社会公共利益和国家安全，政府不得限制进入"。因此，制定科学、规范、明确的负面清单，是中小企业获取市场准入的前提，加快我国各个行业负面清单的建设，有利于提高中小企业在市场中的竞争地位。

### 三　完善中小企业的融资环境，降低资本结构调整成本

本书的研究发现，与中国大型企业相比，样本中小企业的资产负债率明显偏低，流动负债比重明显偏高，且资本结构调整的途径主要来自上游、下游企业的商业信用和自有资金，中小企业通过资本市场筹集资金改善其资本结构的难度较大、成本较高。本书认为，完善中小企业的融资环境是降低中小企业资本结构调整成本的有效途径。针对中小企业融资环境建设的政策建议主要包括以下几个方面。

（一）完善多层次资本市场的同时，降低中小企业入市的交易成本

拓宽中小企业直接股权融资渠道，初步建立起中小企业板市场、创业板市场和新三板市场多层次资本市场，尤其是新三板由中关村科技园区扩大到上海张江、东湖新技术和天津滨海高新产业开发区，再到《关于全国中小企业股份转让系统有关问题的决定》的出台，将新三板扩容至全国。截止到 2015 年，新三板已经成为中国最大的为未上市中小企业提供融资服务的专业证券交易所。2014 年末，新三板已经为 1000 多家创新、创业及成长型小微企业提供股份公开转让、股权融资、债券融资、并购重组等服务，其在准入制度、融资方式、交易方式及监管方式等方面都有了新的突破，明显降低了企业加入新三板的门槛[①]和融资交易成本，为中小微企业资本结构调整提供了条件。但笔者注意到，首先，中小企业在新三板的挂牌成本不断提高，截至 2014 年年底，一家中小企业付给券商、律师事务所、会计师事务所等中介机构的费用高达 150 万之多。其次，中小企业为规范企业运营往往需要补缴税款和社保等资金，这些情况无形中提高了中小企业入市的门槛。最后，虽然新三板扩容至全国后，进入新三板市场的企业数量明显增加，但这一数量与庞大的中小企业总数相比仍然微不足道，如何进一步降低中小企业入市交易成本，拓展新三板资本市场

---

① 新三板对中小企业入市的要求较低，只要是证监会核准的非上市公众公司、股东人数不限（可超过 200 人），存续时间满 2 年，具有持续盈利能力即可，而对企业的现金流、净资产和股本总额等方面都没有做出规定要求。

的覆盖面和包容性，引导、鼓励更多的企业参与新三板市场等问题应该得到政策制定者的关注。

（二）支持风险投资机构的发展，鼓励企业吸引战略投资者，拓宽企业能力来源

中小企业由于规模小、可抵押的资产少、财务制度不健全等因素明显降低了中小企业从银行渠道获取贷款的可能性，因此，风险投资这一外部股权融资方式得到了越来越多的中小企业的关注。根据投资的科技企业的发展阶段来看，天使投资主要是针对具有发展潜力的原创项目或者小型初创公司的一次性早期投资；风险投资（VC）是投资于科技企业创业的成长阶段；私募股权（PE）则是关注科技企业创业的接近成熟阶段。与银行等其他中介金融机构相比，风险投资者不仅给被投中小企业提供资金来源，更重要的是他们还积极参与中小企业战略的制定与执行，提供专业的财务管理、市场营销和人力资源管理等方面的咨询服务，帮助中小企业规范财务制度、优化生产流程、完善营销方案、提高管理水平，提升中小企业的竞争能力。自2010年以来，国家密集出台政策支持、鼓励、引导风险投资行业的发展。《国务院关于鼓励和引导民间投资健康发展的若干意见》（2010，简称新36条）、《关于进一步做好中小企业金融服务工作的若干意见》（2010）、《金融业发展和改革"十二五"规划》（2012）、《证券投资基金法修订草案》（2012）和《国务院关于创新重点领域投融资机制鼓励社会投资的指导意见》（2014）等各项金融政策的密集出台，表明国家以发展股权投资基金和创业投资基金的形式推动风险投资行业的发展，引导民间资本投资于金融机构的改制和增资扩股，或者直接参与村镇银行、小额贷款公司的创立与运营。这些政策的目标主要体现在民间资本可以进入石油、天然气、金融机构、公共服务、生态环保、战略性新兴产业等领域，但并没有针对风险投资基金投向具有发展潜力的中小企业的政策及具体实施方案。由于风险投资覆盖的领域非常有限，风险投资项目的成功率不高，并且投资契约中的对赌协议也令中小企业望而生畏。因此，加强对风险投资行业的立法和监管，规范风险投资企业对中小企业的投资行为，支持风险投

资等非银行投资机构的发展，并引导风险投资资金和知识资本投向科技创新型中小企业，提升中小企业的竞争能力，促进中小企业资本结构的调整。

（三）鼓励中小银行业的发展，降低中小企业资本调整成本

与大型金融机构相比，中小金融机构无论在资金规模还是其战略、定位、机制、客户及展业等方面都与中小企业匹配程度高。中小金融机构的战略定位于地方市场发展的中小企业，Berger 和 Udell（1995）实证研究结果发现，小银行与大银行相比，中小企业贷款总额占总贷款额或者总资产额的比例显著偏高，且银行对中小企业的贷款规模与银行规模负相关（Berger and Udell，1995；Strahan and Weston，1996）。林毅夫、李永军（2001）借助 Banerjee 等人提出的"长期互动"假说和"共同监督"假说，提出中小金融机构比大金融机构拥有信息优势，能更好地满足中小企业的融资需求。因此，政府出台有关政策支持中小银行等金融机构的发展有利于缓解中小企业融资难、融资贵的问题，有利于降低企业资本结构调整的成本。在本书调查样本中有 92 家中小企业以银行商业信贷作为债务资金来源，其中，57 家通过农业银行、中国银行、建设银行和工商银行四大国有银行获取贷款资金，只有 25 家通过农村信用合作社，6 家通过其他农村或者城市商业银行进行债务融资。这一情况说明，中小银行、政策性银行在解决中小企业融资困境中的作用有限。笔者认为，需要对制约中小银行发展的因素进行全面系统的分析，有针对性地解决中小银行设立、治理、运营、税收等方面的问题，促进中小银行更好地服务于区域中小企业。银监会出台《关于鼓励和引导民间资本进入银行业的实施意见》（2010）鼓励民间资本参与村镇银行发起设立或增资扩股，允许有条件的小额贷款公司改制设立村镇银行。2009—2014，全国村镇银行的数量分别是 148 家、349 家、726 家、876 家、908 家、1152 家，村镇银行设立增长速度迟缓，且呈现"冠名村镇，身处县城"的格局。从村镇银行的服务对象看，约 50% 村镇银行贷款流向农村小企业。因此，重新界定村镇银行的定位，拓宽其服务地理区域，认可村镇银行"冠名村镇，身处县城"的布局现状，让其

成为农村中小企业获取资金的重要渠道之一。中小银行利用其独特的信息成本优势，可以大大简化中小企业贷款的审批流程，缩短中小企业获取资金的审批时间，降低中小银行每笔贷款的交易成本，提高中小企业的资本结构调整的速度。

　　加强中小企业征信体系建设，完善中小企业信用担保体系，放宽中小企业直接债务融资的条件，大力发展中小企业集合债券等措施都将有效地促进中小企业资本结构的调整。因此，中小企业资本结构调整的政策制定应该从提升中小企业竞争能力，拓宽中小企业资金获取途径，降低中小企业融资成本的角度出发，降低中小企业的权益资本和债务资本获取的交易成本，促进中小企业的资本结构调整。

# 附录　山东省中小企业调查问卷

为进一步提升山东省中小企业的竞争能力，本课题组从企业基本状况、经营状况、资金来源、信贷关系及和财务管理状况五个方面深入了解山东中小企业的发展状况，为政府相关政策制定和执行部门提供决策参考依据。本课题组感谢企业对调查的大力支持，愿意向企业反馈最终的汇总分析结果。

---

企业名称：

被访者姓名：　　职务：　　　电话：

企业所在地：　省　县（市、区）　　乡（镇）村

调查起始时间：　年　月　日　时　分

调查结束时间：　年　月　日　时　分

---

## 第一部分　企业基本情况

1. 成立时间：＿＿＿＿＿＿年

（1）不足 5 年；（2）5—10 年；（2）10 年以上

2. 是否注册登记＿＿＿＿＿　（1）是；（2）否（跳至第 5 题）

3. 注册资本为：＿＿＿＿＿万元

4. 企业登记类型：＿＿＿＿

（1）国有企业；（2）集体企业；（3）股份合作企业；（4）联营企业；（5）有限责任公司；（6）股份有限公司；（7）私营企业；（8）个体经济；（9）外商投资企业；（10）港澳台商投资企业

## 5. 企业涉及行业类别：_____（请填入相应代码）

行业代码表：

（001）粮食；

（002）其他农产品——蔬菜水果，其他农产品；

（003）生动物——生动物，肉或肉类食品，奶类食品或鸡蛋；

（004）林业；

（005）渔业；

（006）原油，煤气——石油或石油类；

（007）其他矿产——煤炭采选，有色金属矿采选，非金属矿采选；

（008）食品，饮料，烟草——油脂、米、粉、糖或蜜，蔬菜食品加工，鱼、肉类及奶类食品，其他食品加工，饮料制造，烟草加工；

（009）纺织，皮革——纺织、印染，织布，服装，皮革、毛皮、羽绒及其制品；

（010）木材，木制产品——木材及竹材加工及竹、藤、棕，草制品；

（011）纸浆及纸制造，印刷——纸浆及纸制造，印刷业、记录媒介的复制；

（012）化学制品及相关产品——化学化纤制造，化学肥料，医药制造，其他化学原料及化学制品制造；

（013）石油产品——石油加工及炼钢焦业；

（014）橡胶制品；

（015）非金属矿品——水泥及水泥类，玻璃以及玻璃类产品；

（016）金属矿石——钢铁、黑色金属冶炼及压延加工业，有色金属冶炼及压延加工，金属制电子及通信设备制造，其他设备；

（017）机器——农机机械制造，专业机械设备制造，普通机械设备制造，电气机械及器材制造，电子及通信设备制造，其他设备；

（018）运输设备——汽车、摩托车、航空，造船，其他交通机械设备；

（019）其他制造产品——仪器仪表机械制造，塑料制品，其他制造产品；

（020）发电，煤气，自来水供应——电子、蒸汽、热水生产和供应，煤气生产和供应，自来水生产和供应；

（021）建设；

（022）贸易以及物流——流通，零销，物流；

（023）服务——电话通信，金融保险，教育研究，商务，其他服务。

## 6. 企业的主要产品：_____

7. 企业产品主要销售地域或范围（合计为100%）：

（1）本市（地区）_____%，其中线上占_____%；

（2）本省（不包括本地）_____%，其中线上占_____%；

（3）国内其他省份_____%，其中线上占_____%；

（4）出口_____%，其中线上占_____%。

8. 企业从业人数_____

（1）10 人以下；（2）10—50 人；（3）51—100 人；（4）101—200 人；（5）201—500 人；（6）500 人以上

9. 企业所处的发展阶段_____

（1）起步阶段；（2）成长阶段；（3）稳定运行阶段；（4）规模扩张阶段；（5）产业升级阶段；（6）业务萎缩阶段；（7）转产阶段；（8）其他（请注明）：_____

10. 企业发展面临的最主要制约因素是（可选择多项）_____

（1）缺乏资金；（2）技术力量不足；（3）市场空间不大；（4）信息获得困难；（5）政府的行政干预；（6）税收负担；（7）技工人员约束；（8）其他（请注明）：_____

11. 股权结构

| 主要投资方（关系） | 01 出资形式（代码1） | 02 出资份额（%） |
| --- | --- | --- |
| 01 | | |
| 02 | | |
| 03 | | |
| 04 | | |

代码1：①现金；②设备；③土地；④其他（请注明）：_____

12. 企业产品销售的主要财务结算方式_____

（1）先收款，后发货；（2）先发货，再收款；

（3）先收定金，后发货；（4）其他（请注明）：_____

13. 企业是否通过 ISO 9000 ＿＿＿＿＿＿＿＿

（1）是；（2）否

14. 企业是否通过 ISO 14000 ＿＿＿＿＿＿＿

（1）是；（2）否

# 第二部分　企业的经营情况

（一）企业经营环境

1. 企业可持续发展所面临的环境中，你认为以下各项的重要性打分（用 10 分计，1 代表最低，10 代表最高），企业实际的感受值打分（用 10 分计，1 代表最低，10 代表最高）

|  | 重要性判断 | 现实感受 |
|---|---|---|
| 法制环境 |  |  |
| 资金环境 |  |  |
| 市场环境 |  |  |
| 信用环境 |  |  |
| 社会环境 |  |  |

2. 企业享受的各类政府扶持对企业发展的作用（用 10 分计，1 代表最低，10 代表最高，0 代表从未享受过）

| 内容 | 作用大小 | 内容 | 作用大小 |
|---|---|---|---|
| 税收优惠 |  | 财政补贴 |  |
| 贷款支持 |  | 企业登记 |  |
| 信息咨询 |  | 技术指导 |  |

（二）企业产品经营状况

3. 产品组合策略

3.1 企业产品组合的长度＿＿＿＿＿＿＿

3.2 企业产品组合的深度_____

注：产品线（product line）是指企业提供给市场的所有产品中，那些在技术上密切相关、具有相同的使用功能、满足同类需要的一组产品。

产品项目（product item）是指同一产品线中具有不同品种、规格、质量和价格等属性的特定产品。

产品组合的长度是指企业的产品组合中产品项目的总数。

产品组合的深度是构成企业产品组合的产品线中每一产品项目所包含的产品品种数。

4. 产品生命周期

2012年产品所处的生命周期阶段，销售额占总销售额的比重（%）及利润占总利润的比重（%）。

| | 引入期 | | 成长期 | | 成熟期 | | 衰退期 | |
|---|---|---|---|---|---|---|---|---|
| | 销售额占比（%） | 利润占比（%） | 销售额占比（%） | 利润占比（%） | 销售额占比（%） | 利润占比（%） | 销售额占比（%） | 利润占比（%） |
| 产品1 | | | | | | | | |
| 产品2 | | | | | | | | |
| 产品3 | | | | | | | | |
| …… | | | | | | | | |

5. 产能利用率

| | 2009 | 2010 | 2011 | 2012 |
|---|---|---|---|---|
| 产品产销率 | | | | |
| 设备利用率（企业平均设备利用率） | | | | |

6. 企业品牌建设

贵企业是否创建自己的品牌_____ （1）是；（2）否（跳至第

7题）

6.1 企业实行何种品牌名称策略_____

（1）个别品牌名称；（2）对所有产品使用共同的家族品牌名称；（3）各大类产品使用不同的家族品牌名称；（4）个别的品牌名称与企业名称并用

注：（1）即企业决定每个产品使用不同的品牌；（2）即企业的所有产品都使用同一种品牌；（4）企业决定其不同类别的产品分别采取不同的品牌名称，且在品牌名称之前都加上企业的名称

6.2 贵企业品牌是_____

（1）一般名牌；（2）省级名牌；（3）国家品牌；（4）国际知名品牌

（三）企业竞争状况

7. 贵企业采用的市场竞争策略是_____

（1）总成本领先策略；（2）差异化策略；（3）集聚策略

8. 贵企业参与市场竞争的主要手段是_____

（1）价格竞争；（2）质量竞争；（3）服务竞争；（4）技术竞争；（5）品牌竞争

9. 贵企业的主要产品的价格水平与主要竞争对手同类产品相比_____

（1）高出很多；（2）略高；（3）基本持平；（4）略低；（5）低很多

10. 贵公司处于产业链的哪一个环节_____

（1）研发；（2）关键零部件的设计；（3）关键零部件的生产；（4）组装；（5）市场及销售；（6）售后服务；（7）其他（请注明）：_____

11. 您认为企业保持持续竞争力的关键是_____

（1）技术创新；（2）技术人才；（3）技术积累；（4）控制稀有资源；（5）引领产业链的能力

（四）企业的研究与开发状况

12. 贵企业是否设有技术研发部门_____

（1）是；（2）否

13. 贵企业主导产品的技术水平属于＿＿＿＿＿

（1）国际先进水平；（2）国内先进水平；（3）国内一般水平；（4）落后于国内一般水平

14. 贵企业主要的技术来源＿＿＿＿＿

（1）独立进行项目研发；（2）与其他企业合作开发；（3）与高校或科研机构合作开发；（4）技术引进；（5）其他（请注明）：＿＿＿＿＿

15. 贵企业的技术创新活动和项目的资金主要来源于（可多选）＿＿＿＿＿

（1）自有资金；（2）政府创新基金；（3）风险投资；（4）资本市场；（5）企业间资金拆借；（6）其他（请注明）：＿＿＿＿＿

16. 企业的产品是否属于高新技术产品＿＿＿＿＿

（1）是；（2）否

企业高新技术产品的核心技术是否拥有自主知识产权＿＿＿＿＿

（1）有；（2）没有

17. 贵公司近三年是否获取过专利＿＿＿＿＿

（1）是；（2）否

附2—1　　　　　**企业 2009—2012 年的财务状况**

**（附相应的企业资产负债表、损益表）**　　　　单位：万元

|  | 2009 | 2010 | 2011 | 2012 |
|---|---|---|---|---|
| 资产总额 |  |  |  |  |
| 其中固定资产总额 |  |  |  |  |
| 流动资产 |  |  |  |  |
| 净资产 |  |  |  |  |
| 人均净资产 |  |  |  |  |
| 营业收入 |  |  |  |  |
| 利润总额 |  |  |  |  |
| 净利润 |  |  |  |  |

续表

| | 2009 | 2010 | 2011 | 2012 |
|---|---|---|---|---|
| 税金总额 | | | | |
| 应收账款总额 | | | | |
| 预付款总额 | | | | |
| 总负债 | | | | |
| 长期负债 | | | | |
| 流动负债 | | | | |
| 企业拖欠款 | | | | |
| 广告费用 | | | | |
| 研发经费 | | | | |

# 第三部分 企业的资金来源情况

1. 企业创立的初始资金金额：_____万元

2. 企业初始资金来源结构（%，合计为100%）

（1）自有资金（包括合伙人资金）：_____%

（2）银行及信用社贷款：_____%

（3）政府扶持：_____%

（4）民间借贷：_____%

（5）其他（请注明）：_____%

3. 如果企业初始资金来源中存在外部借款，请填写下表：

| 贷款编号 | 金融机构名称 | 贷款额（万元） | 期限（年） | 年利率（%） | 贷款保证方式 |
|---|---|---|---|---|---|
| | 01（代码1） | 02 | 03 | 04 | 05（代码2） |
| 01 | | | | | |
| 02 | | | | | |
| 03 | | | | | |
| 04 | | | | | |
| 05 | | | | | |

代码1：贷款来源有①农业银行；②农村信用社；③中国银行；④建设银行；⑤工商银行；⑥农村合作基金（金融会）；⑦亲友；⑧专门放款人；⑨民间集资借款；⑩互助会

（合会/标会/成会等）；⑪其他（请注明）：_____

代码2：保证方式有①抵押；②质押；③担保；④留置；⑤信用；⑥其他（请注明）：_____

4. 2009—2012 年企业外部借款累计总额：_____ 万元；

截至 2012 年底贷款余额：_____ 万元

5. 2009—2013 年企业外部贷款情况：

| 编号 | 借款时间 | 借款状态 | 借款渠道 | 金额（万元） | 期限（月） | 年利率（%） | 借款用途 | 保证方式 | 抵押物 |
|---|---|---|---|---|---|---|---|---|---|
| | 01 | 02（代码1） | 03（代码2） | 04 | 05 | 06 | 07（代码3） | 08（代码4） | 09（代码5） |
| 01 | | | | | | | | | |
| 02 | | | | | | | | | |
| 03 | | | | | | | | | |
| 04 | | | | | | | | | |
| 05 | | | | | | | | | |
| 06 | | | | | | | | | |
| 07 | | | | | | | | | |
| 08 | | | | | | | | | |
| 09 | | | | | | | | | |

代码1：借款状态①金额还本付息；②按期付息，循环使用；③到期未还本付息；④到期付息，未还本；⑤未到期；⑥已成为呆滞账款；⑦其他（注明）：_____

代码2：融资渠道

①农业银行；②农村信用社；③中国银行；④建设银行；⑤工商银行；⑥农村合作基金（金融会）；⑦亲友；⑧专门放款人；⑨民间集资借款；⑩互助会（合会/标会/成会等）；⑪其他企业借款；⑫集体借款；⑬其他（请注明）：_____

代码3：融资用途

①建造厂房；②购买设备；③购买原材料/半成品；④建造或者购买住房；⑤支付原有的借款利息；⑥归还原贷款；⑦看病；⑧子女教育；⑨其他（请注明）：_____

代码4：保证方式

①抵押；②质押；③担保；④留置；⑤信用；⑥其他（请注明）：_____

代码5：保证方式

①土地；②厂房；③设备；④存货；⑤企业应收账款；⑥有价证券；⑦私人房产；⑧私人存单；⑨其他（请注明）：_____

6. 2009—2013 年企业投资情况：

| | 投资项目 01 | 投资项目 02 | 投资项目 03 | 投资项目 04 |
|---|---|---|---|---|
| 01 项目类型（并请简略描述） | | | | |
| 02 初始投资额（万元） | | | | |
| 03 追加投资额（万元） | | | | |
| 04 投资回收期（代码 2） | | | | |
| 05 资金来源（代码 3） | | | | |
| 051 自有资金（%） | | | | |
| 052 正式信贷机构贷款（%） | | | | |
| 053 民间借贷（%） | | | | |
| 054 应付款净额（%） | | | | |
| 055 其他（请指明）（%） | | | | |

代码 1：项目类别

①新生产线；②厂房；③设备或技术升级；④新产品开发；⑤股票；⑥债券；⑦对其他企业参股；⑧环境保护工程；⑨房地产；⑩其他（请注明）：＿＿＿＿＿

代码 2：投资回收期

①1 年；②2 年；③3 年；④4 年；⑤5 年；⑥5 年以上；⑦其他（请注明）：＿＿＿＿＿

代码 3：资金来源

①自有资金投入；②企业自身积累；③农业银行；④农村信用社；⑤中国银行；⑥建设银行；⑦工商银行；⑧民间借款⑨专门放款人；⑩亲友；⑪农村合作基金（金融会）；⑫互助会（合会/标会/成会/摇会等），请注明＿＿＿＿＿＿；⑬集资借款；⑭其他企业借款；⑮应付款净额（等于应付款 - 应收款）⑯政府专项项目资金或项目补贴；⑰变现现有企业房产、设备；⑰其他（请注明）：＿＿＿＿＿

7. 企业的资金缺口（暂时不需要流动资金的填 0）

（1）企业发展资金需求量（扩大再生产，扩大经营）需求量（万元）＿＿＿＿＿

①< 50；②50—100；③ 100—200；④ 200—300；⑤ 300—500；⑥500 以上

（2）企业日常流动资金（维持正常生产，经营周围资金）的需

求量（万元）是＿＿＿＿＿＿＿

①＜50；②50—100；③ 100—200；④ 200—300；⑤ 300—500；⑥500 以上

8. 从企业自身的角度考虑，您认为企业通过银行融资的主要约束（1 表示基本没有影响，7 表示影响重大，请在相应空格内填"√"）

| | 1 | 2 | 3 | 4 | 5 | 6 | 7 |
|---|---|---|---|---|---|---|---|
| 财务报表不规范、信息不透明 | | | | | | | |
| 企业规模小、抗风险能力弱 | | | | | | | |
| 缺乏有效担保 | | | | | | | |
| 资产负债率高 | | | | | | | |
| 企业抵押不足 | | | | | | | |
| 自由资金比例低 | | | | | | | |
| 缺少权益资本 | | | | | | | |
| 企业信用度低 | | | | | | | |
| 贷款附加成本高 | | | | | | | |
| 高信贷风险 | | | | | | | |

其中，您认为影响企业从银行中介机构获取借款最重要的三项因素是＿＿＿＿＿＿＿

（1）企业的规模与实力；（2）企业以往的信用；（3）企业固定资产（足够的财产抵押）；（4）企业的性质；（5）项目的盈利前景好；（6）老板的为人与经营能力；（7）金融产品创新；（8）利率管制；（9）与银行等金融中介的关系；（10）其他（请注明）：

＿＿＿＿＿＿＿

9. 企业在融资过程中，考虑的主要因素包括＿＿＿＿＿＿＿

（1）资金能否顺利取得；（2）融资的成本是否很高；（3）是否被资金提供方（股东或债权人）控制；（4）其他（请注明）：

＿＿＿＿＿＿＿

10. 从资金供给方角度分析，影响中小企业融资的主要约束（1 表示没有影响，7 表示影响重大，请在相应空格内填"√"）

|  | 1 | 2 | 3 | 4 | 5 | 6 | 7 |
|---|---|---|---|---|---|---|---|
| 大银行主导的市场结构 | | | | | | | |
| 银行的所有制歧视 | | | | | | | |
| 银行的组织结构 | | | | | | | |
| 银行对员工的激励机制 | | | | | | | |
| 资本市场的限制 | | | | | | | |
| 其他（请注明） | | | | | | | |

11. 从外部环境的角度分析，影响中小企业融资的主要约束（1 表示没有影响，7 表示影响重大，请在相应空格内填"√"）

|  |  | 1 | 2 | 3 | 4 | 5 | 6 | 7 |
|---|---|---|---|---|---|---|---|---|
| 信息不对称 | | | | | | | | |
| 信用支持体系 | ①信用担保体系； | | | | | | | |
| | ②信用征信评估体系； | | | | | | | |
| | ③其他（请注明）：_____ | | | | | | | |
| 抵押担保体系 | ①抵押担保登记、评估手续繁杂，费用高； | | | | | | | |
| | ②抵押登记的期限与借款、抵押合同期限相脱离； | | | | | | | |
| | ③通过抵押得到的贷款比例偏低； | | | | | | | |
| | ④其他（请注明）：_____ | | | | | | | |
| 法律法规 | ①缺乏针对中小企业融资的法律法规； | | | | | | | |
| | ②现有法律法规制定不规范； | | | | | | | |
| | ③法律法规执行力缺乏； | | | | | | | |
| | ④其他（请注明）：_____ | | | | | | | |
| 税收及相关费用 | ①税收负担过重； | | | | | | | |
| | ②征税环节复杂； | | | | | | | |
| | ③某些税收（如承兑发票所征收的印花税对保理业务）影响新型融资工具的有效运用。 | | | | | | | |

# 第四部分　企业信贷关系

（一）企业资信情况

1. 企业近年来是否参加过企业资信评估_____

（1）参加过；（2）没有

2. 若参加过企业资信评估，最近一次评定的企业信用等级为_____

（1）AAA 级；（2）AA 级；（3）A 级；（4）BBB 级以下

3. AA 级以上资信企业，得到银行或信用社信用便利有（可多选）_____

（1）银行授信额度；（2）无保证信用放款；（3）简化评审程序；（4）在需要时得到满足；（5）无；（6）其他（请注明）：_____

4. 若没有参加过企业资信评估，其原因是什么（可多选）_____

（1）企业没有注册；（2）评估费用太高；（3）不想要贷款；（4）企业太小，银行不感兴趣；（5）其他（请注明）：_____

（二）银企关系情况

5. 企业目前所选择的开户行是（可多选）_____

（1）中国工商银行；（2）中国农业银行；（3）中国建设银行；（4）农村信用合作社；（5）其他（请注明）：_____

6. 选择该金融机构作为开户行的原因（可多选）_____

（1）离企业所在地较近；（2）与该机构/人员关系较好；（3）利率可以接受；（4）过去贷过款，企业在该机构有一定信誉；（5）服务好、服务费用低；（6）朋友帮忙在该机构获得贷款；（7）其他（请说明）：_____

7. 自企业成立以来共申请过多少笔贷款_____ 4071

获得了多少笔_____ 4072

如果 4071 = 0，请回答 a.；如果 4071 > 0，请回答 4072

a. 为什么没有考虑过向银行申请贷款_____

（1）自有资金能够满足，不需要；（2）没有打算扩大经营规模，没有好的项目；（3）贷款程序太麻烦；（4）觉得肯定贷不到；（5）已通过其他方式筹资（请注明）：_____；（6）其他（请注明）：_____

8. 如果企业获得过银行或信用社贷款：

a. 您认为银行等金融机构愿意贷款给本企业的原因是（可多选）_____

（1）公司规模与实力；（2）公司以往的信用；（3）足够财产抵押；（4）项目的盈利前景较好；（5）老板的为人与经营能力；（6）与银行的私人关系；（7）政府扶持；（8）其他（请注明）：_____

b. 最近一次贷款，从提出贷款申请到获得贷款，企业人员往金融机构跑了几趟_____

c. 从提出贷款申请到获得贷款，金融机构人员一般要到企业来考察几次_____

d. 是否需要为获得贷款支付额外费用_____

（1）是；（2）否（跳到第9题）

e. 所需支持的额外费用大约是多少元_____

或所需支付的额外费用占贷款的百分比_____%

9. 企业的贷款是否都曾按时归还_____

（1）所有贷款都是按时归还；（2）基本上能按时归还；（3）大多不能按时归还；（4）已逾期；（5）已变成呆滞贷款；（6）已变成呆账贷款

10. 如果企业不能如期归还贷款，原因是什么？

_____

11. 企业归还贷款的资金来源是什么（可多选）_____

（1）企业经营收入；（2）变卖现有企业房产、设备；（3）借入新的贷款；（4）借入民间资金；（5）其他（请注明）：_____

12. 据您所知，本地有无贷款信用担保公司、担保基金之类的机构_____

（1）有；（2）无（跳到第13题）

本企业是否获得过这方面的担保支持_____

（1）有；（2）无

13. 本企业或者业主是农村信用社的社员吗_____

（1）是；（2）否

14. 企业要成为信用社社员须买_____元股金

15. 何时入股_____

（1）2000 年以前；（2）2000—2003 年间；（3）2003 年以后

16. 初次入股金额是_____元

17. 累计入股金额是_____元

（1）现金缴纳；（2）第一次贷款时扣收部分贷款；（3）其他
（请注明）：_____

18. 入股方式是什么_____

19. 有无分红_____

（1）有；（2）无

20. 分红方式_____

（1）只分红（跳至第 22 题）；（2）分红加固定利息；（3）只给
固定利息

21. 固定利息的利率是_____

22. 分红的时间间隔_____

23. 最近一次的分红是_____元

24. 是否参与过信用社管理_____

（1）是；（2）否（跳至第 26 题）

25. 参与管理的方式_____

（1）社员大会；（2）理事会；（3）监事会；（4）其他（请注
明）：_____

信用社试点改革地区企业填写（第 26—30 题）

26. 2003 年后新入股金额_____元

27. 是否有信用社的信贷员来动员入股_____

（1）是；（2）否

28. 2003 年后，信用社许诺了哪些入股后的贷款优惠条件
_____

（1）贷款优先；（2）利率优惠；（3）期限放宽；（4）抵押条件放松；（5）其他（请注明）：＿＿＿＿＿＿

29. 新增入股金额后，获得贷款的变化情况＿＿＿＿＿＿

（1）更容易；（2）不变；（3）更少

30. 新增入股金额后，参与信用社管理的情况＿＿＿＿＿＿

（1）更多；（2）不变；（3）更少

31. 金融机构为本企业核定了授信额度＿＿＿＿＿＿

（1）是；（2）否（跳到第32题）

a. 授信额度为＿＿＿＿＿＿＿元

b. 授信额度是否可循环使用＿＿＿＿＿＿（1）是；（2）否

c. 该授信额度能否满足企业需要＿＿＿＿＿＿（1）能；（2）不能

32. 企业近期从银行或农信社借贷的意愿选择：

a. 若能任意选择，在现有利率下，是否愿意从银行或者农村信用社贷款＿＿＿＿＿＿

（1）是（回答b—e）；（2）否（回答f）

b. 若能任意选择，在现有利率下，能从银行或者农村信用社贷款多少钱＿＿＿＿＿＿

c. 若能自由选择，在现有利率下，您认为贷款期限多长比较合适（年）＿＿＿＿＿＿

d. 贷款利率高到多少您就不愿意贷了（年利率%）＿＿＿＿＿＿

e. 贷款的用途是＿＿＿＿＿＿

f. 不愿意贷款的原因是＿＿＿＿＿＿

（1）没有好的项目；（2）怕还不起；（3）不如向民间借贷方便；（4）其他（请注明）：＿＿＿＿＿＿

33. 您认为银行应在哪些方面改进服务＿＿＿＿＿＿

（1）增加网点；（2）更多放贷；（3）简化手续；（4）业务程序规范化、透明化；（5）减免抵押担保条件；（6）提供票据贴现服务；（7）提供咨询和其他金融服务；（8）其他（请注明）：＿＿＿＿＿

（三）民间借贷情况

34. 就您所知，当地是否有民间的互助会（合会、摇会、标会

等）_____

（1）是，会的名称为_____；（2）否（跳至第36题）

35. 企业主或企业主家属是互助会（合会、摇会，标会等）成员吗？_____

（1）是；（2）否（跳至第36题）

a. 企业主或企业主家属成为互助会（合会、摇会、标会等）成员_____年了

b. 企业主或企业主家属加入互助会（合会、摇会、标会等）的原因是什么_____

①为了存款获得高利息；②为了得到贷款；③银行和信用社服务不好，不愿去；④其他（请注明）：_____

c. 投入给互助会（合会、摇会、标会等）的资金，在需要时是否及时回收？_____

①是；②否

d. 2009—2012年企业主一家参加互助会的情况

会的具体名称：_____

参加会的总数目：_____个

参加会的总脚数：_____脚

每月付会款总额：_____元

三年所得会款的总额：_____万元

36. 企业主从民间借贷中能够获得的资金最多有_____万元；利息为月息_____%，期限一般为_____月。

37. 据您所知，本地是否存在民间专门放贷人（包括"高利贷者"）_____

（1）存在；（2）不存在（跳至第38题）

月利率有多高？

最低几分几厘_____；

最高几分几厘_____。

（四）商业信用情况

38. 与几家上游企业存在赊购关系_____

2012 年赊购总额是＿＿＿＿＿＿＿万元

39. 与几家下游企业或客户存在赊销关系＿＿＿＿＿

2012 年赊销总额是＿＿＿＿＿＿＿万元

40. 这种赊销或赊购是否有利息＿＿＿＿＿

（1）有；（2）无（跳至第 41 题）

月利息一般是＿＿＿＿＿％

41. 这种赊销或赊购的期限一般是多长＿＿＿＿＿

（1）1 个月以内；（2）1 个月到 3 个月；（3）3 个月到半年；

（4）半年到 1 年；（5）1 年以上

42. 有没有借钱给朋友的企业用于周转＿＿＿＿＿

（1）有；（2）无

43. 朋友间的资金互助，一般会不会签订正式的合同＿＿＿＿＿

（1）会，并要有担保人；（2）看情况，数额大的要；（3）看情况，老关系不要；（4）随便写张借条即可；（5）口头合同，全凭个人信誉；（6）其他（请注明）：＿＿＿＿＿

44. 朋友间的这种借款，会不会计利息＿＿＿＿＿

（1）以国家贷款利息为依据；（2）一般不计息；（3）低于国家贷款利息；（4）高于国家贷款利息；（5）看情况，关系好的不计息；（6）其他（请注明）：＿＿＿＿＿

45. 在 2009—2012 年，企业主是否有借给他人款项的行为＿＿＿＿＿

（1）有；（2）没有（跳到 46）

①期限一般为＿＿＿＿＿月

②月利息＿＿＿＿＿％

③与贷款人关系：＿＿＿＿＿

④有无合同＿＿＿＿＿ a. 有；b. 无

⑤是否有担保或抵押＿＿＿＿＿ a. 有；b. 无

⑥借出的款项是否能按时收回＿＿＿＿＿ a. 是；b. 否

46. 您认为农村金融体系应该怎样完善(可选择多项)＿＿＿＿＿

（1）增加机构和相互竞争；（2）减少机构和相互竞争；（3）降

息；（4）贷款利率市场化；（5）存款利率市场化；（6）设立民营小企业银行和信用社；（7）设立小企业担保基金；（8）政府提供补贴信贷；（9）允许民间借贷发展；（10）禁止民间借贷；（11）其他（请指明原因）：_____

# 第五部分　企业主及企业财务管理状况

（一）企业主状况

1. 企业主（实际控制人）的个人信息

a. 性别_____（1）女；（2）男

b. 年龄_____（1）30 岁以下；（2）31—40 岁；（3）41—50 岁；（4）51—60 岁；（5）60 岁以上

c. 教育_____（1）小学及以下；（2）中学；（3）大学；（4）研究生及以上

2. 企业主（或亲朋）是否具有下列身份（可多选）

|  | 级别 |
|---|---|
| 人大代表_____ | ①县区及以下；②地市；③省及以上 |
| 政协委员_____ | ①县区及以下；②地市；③省及以上 |
| 党员所属组织的级别_____ | ①县区及以下；②地市；③省及以上 |
| 政府职员_____ | ①县区及以下；②地市；③省及以上 |
| 商/协会领导_____ | ①理事（秘书）长；②会长；③副会长 |

3. 企业主在企业的任职状况（可多选）_____

（1）董事长；（2）总经理；（3）财务总监或财务负责人；（4）人力资源总监或人力资源负责人；（5）没有职务

4. 企业主在企业是否领取薪资_____

（1）是；（2）否

（二）企业财务管理状况

5. 贵企业会计机构设置情况_____

（1）独立设置会计机构；（2）委托经批准的中介机构代理记账；（3）在有关机构中设置会计人员并指定会计主管人员；（4）聘用兼职会计人员；（5）其他（请注明）：_____

6. 企业是否确定了本企业的财务管理目标_____

（1）是；（2）否（请跳至 7）

本企业的财务管理目标是_____

a. 企业利润最大化

b. 企业价值最大化或股东财富最大化

c. 其他（请注明）：_____

7. 贵企业实施的会计准则_____

（1）企业会计准则；（2）小企业会计准则；（3）行业会计制度；

（4）行业制度与小企业准则交叉执行；（5）自定适合本企业的会计核算方法

8. 若贵企业已执行《小企业会计制度》，您认为原因是（可多选）_____

（1）国家强制规定；

（2）管理层希望通过实施新制度，以提高会计信息的质量，有利于决策；

（3）审计方面的压力（即只有按新制度处理才能通过审计）；

（4）公司股东（或母公司）要求根据新制度提供更加真实完整的信息；

（5）债权人要求根据新制度提供更真实完整的信息；

（6）相关部门的要求（如主管部门、财政税务部门等）；

（7）企业为了尽快与国际会计惯例接轨；

（8）适应本企业多元化发展战略；

（9）其他（请注明）：_____

9. 若您单位未执行《小企业会计制度》，您认为原因是（可多选）_____

（1）企业的财务状况与经营成果受到的影响太大，比如会使企业的资产负债率提高，影响企业的筹资能力；

（2）企业会计人员目前不能胜任；

（3）影响经营者的业绩考评；

（4）与相关法规不配套，特别是税法，比如不能减少企业税赋，反而使纳税调整的难度及工作量增大，容易导致与税务当局之间的纠纷；

（5）制度的某些条文规定得太死板，不易操作；

（6）制度并不能提供质量更高的会计信息；

（7）其他（请注明）：_____

10. 对企业的财务管理状况进行综合评价（1分表示非常差，10分表示非常好）

| 财务基础管理 | 财务管理制度 | | 财务状况 | 营运能力 | |
| | 财务管理组织机构 | | | 变现能力 | |
| | 定额管理制度 | | | 偿债能力 | |
| | 原始记录管理 | | | 成长能力 | |
| 资产管理 | | | 投资管理 | | |
| 筹资管理 | | | 成本管理 | | |

11. 您认为贵企业的会计信息能否为决策提供有力的信息支持_____

（1）能；（2）不能

12. 如果提升贵企业的会计信息质量，应该加强哪些方面的工作（可多选）_____

（1）健全财务管理制度体系；（2）完备财务内容；（3）规范财务工作；（4）培训财务人员；（5）提升会计信息的实时监控水平；（6）加强内部审计，不断完善内部控制；（7）完善相关的考核指标体系

13. 贵企业财务负责人的个人信息

a. 性别_____　（1）女；（2）男

b. 年龄_____　（1）30岁以下；（2）31—40岁；（3）41—50岁；（4）51—60岁；（5）60岁以上

c. 教育_____（1）小学及以下；（2）中学；（3）大学；
（4）研究生及以上

d. 职业资格_____（1）会计证；（2）初级会计师；（3）中
级会计师；（4）高级会计师；（5）注册会计师

14. 贵企业财务负责人是否兼任企业其他职位_____

（1）是；（2）否

# 参考文献

白明、任若恩：《不同调整路径下资本结构的调整速度比较分析——来自中国上市公司的经验证据》，《系统工程》2011 年第 1 期。

曹长阳、杨亦民：《中小企业融资结构的影响因素分析》，《理论探讨》2009 年第 12 期。

曹建海：《企业竞争力研究的几个问题》，《经济管理》2001 年第 3 期。

陈必安：《我国上市公司资本结构调整速度及其影响因素研究》，《西北农林科技大学学报》2009 年第 3 期。

程宏伟：《隐性契约、专用性投资与资本结构》，《中国工业经济》2004 年第 8 期。

陈佳贵、吴俊：《中国地区中小企业竞争力评价——对 2003 年规模以上工业中小企业的证研究》，《中国工业经济》2004 年第 8 期。

陈建梁、王大鹏：《产品市场竞争对企业资本结构的影响》，《管理科学》2006 年第 5 期。

陈晓、单鑫：《债务融资是否会增加上市企业的融资成本？》，《经济研究》1999 年第 9 期。

崔学刚、杨艳艳：《我国中小企业融资需求与资本结构选择研究——基于中小上市公司的实证检验》，《北京工商大学学报》（社会科学版）2008 年第 6 期。

崔迎科：《资产专用性对农业上市公司资本结构的影响——基于 74 家农业上市公司面板数据》，《改革与战略》2013 年第 4 期。

邓剑琴、朱武祥：《产品调竞争、股权融资约束与财务激进行为》，《经济学季刊》2006年第3期。

鄂齐、夏飞：《基于整体性评价的中小企业竞争力研究》，《大连理工大学学报》（社会科学版）2012年第6期。

郭丽虹：《非上市中小企业资本结构的决定因素分析》，《财经论丛》2011年第2期。

郭鹏飞、孙培源：《资本结构的行业特征：基于中国上市公司的实证研究》，《经济研究》2003年第5期。

韩俊主编：《调查中国农村》，中国发展出版社2009年版。

何靖：《宏观经济环境影响资本结构调整速度吗？——来自中国上市公司的经验证据》，《南方经济》2010年第12期。

洪锡熙、沈艺峰：《我国上市公司资本结构影响因素的实证分析》，《厦门大学学报》（哲学社会科学版）2000年第3期。

胡安鞍、魏星、高宇宇：《中国国有企业竞争力评价》，《中国国企研究》2014年第9期。

黄辉：《企业资本结构调整速度影响因素的实证研究》，《经济科学》2010年第3期。

黄辉：《制度导向、宏观经济环境与企业资本结构调整——基于中国上市公司的经验证据》，《金融管理》2009年第3期。

黄辉、王志华：《资本结构行业差异及其影响因素的实证分析——来自我国上市公司的经验数据》，《财经理论与实践》2006年第1期。

黄静、张天西：《产品市场竞争、治理环境与现金持有》，《工业工程与管理》2010年第4期。

黄乾富、沈洪波：《债务来源、债务期限结构与现金流的过度投资——基于中国制造业上市公司的实证证据》，《金融研究》2009年第9期。

黄少安、张岗：《中国上市公司配股融资行为的实证研究》，《会计研究》2001年第9期。

胡大利、卢福财、汪华林：《企业竞争力决定维度及形成过程》，《管理世界》2007年第10期。

姜付秀、黄继承:《市场化进程与资本结构动态调整》,《管理世界》
　　2011 年第 3 期。

姜付秀、刘志彪、李焰:《不同行业内公司之间资本结构差异研
　　究——以中国上市公司为例》,《金融研究》2008 年第 5 期。

江龙、宋常、刘笑松:《经济周期波动与上市公司资本结构调整方式
　　研究》,《会计研究》2013 年第 7 期。

金碚:《经济学对竞争力的解释》,《经济管理·新管理》2002 年第
　　22 期。

金碚:《企业竞争力测评的理论与方法》,《中国工业经济》2003 年
　　第 3 期。

金碚:《论企业竞争力的性质》,《中国工业经济》2001 年第 10 期。

金碚、李钢:《竞争力研究的理论、方法与应用》,《综合竞争力》
　　2009 年第 10 期。

李炳金:《中小企业资本结构影响因素的实证分析——基于 2005—
　　2009 年中小板上市公司平衡面板数据》,《贵州财经学院学报》
　　2011 年第 6 期。

李钢:《企业竞争力研究的新视角:企业在产品市场与要素市场的竞
　　争》,《中国工业经济》2007 年第 1 期。

李庚寅、阳玲:《中小企业资本结构与盈利能力的实证研究——基于
　　中小企业板中小企业上市前后数据的比较分析》,《产经评价》
　　2011 年第 1 期。

李国重:《资本结构的动态变化及其目标调整——来自中国上市公司
　　平行数据的相关证明》,《西安财经学院学报》2006 年第 3 期。

李洁:《我国中小企业资本结构特征与优化探析》,《企业经济》2011
　　年第 2 期。

林汉川、管鸿禧:《中国不同行业中小企业竞争力评价比较研究》,
　　《中国社会科学》2005 年第 3 期。

林汉川、管鸿禧:《我国东中西部中小企业竞争力实证比较研究》,
　　《经济研究》2004 年第 12 期。

林俐:《中小企业融资偏好与资本结构优化策略》,《四川师范大学学

报》（社会科学版）2013 年第 4 期。

李青原、王永海：《资产专用性与公司资本结构：来自中国制造业股份有限公司的经验证据》，《会计研究》2006 年第 7 期。

刘生龙、周绍杰：《基础设施的可获得性与中国农村居民收入增长——基于静态和动态非平衡面板的回归结果》，《中国农村经济》2011 年第 1 期。

刘仁宾、孙睿璐：《资产专用性、产品市场竞争和资本结构——基于我国上市公司的实证分析》，《华北金融》2010 年第 3 期。

刘志彪、姜付付、卢二坡：《资本结构与产品市场竞争强度》，《经济研究》2003 年第 7 期。

罗正英：《中小企业的企业家风险厌恶、财务集中度与融资结构研究》，《上海经济研究》2006 年第 9 期。

罗正英、张雪芬、陶凌云、仇国阳：《信誉链：中小企业融资确认关联策略》，《会计研究》2003 年第 7 期。

罗正英、周中胜、詹乾隆：《企业家异质特征与金融市场化程度的影响》，《会计研究》2010 年第 6 期。

陆正飞、辛宇：《上市公司资本结构主要影响因素之实证研究》，《会计研究》1998 年第 8 期。

马国建、梅强：《中小企业核心竞争力探源》，《江苏大学学报》（社会科学版）2002 年第 3 期。

孟越、安维东：《医药企业资产专用性与资本结构选择——来自沪深两市医药上市公司的经验证据》，《首都经济贸易大学学报》2012 年第 2 期。

闵亮：《资本结构动态调整速度的多层次影响因素分析——基于交易成本视角》，《经济论坛》2011 年第 2 期。

闵亮、沈悦：《宏观冲击下的资本结构动态调整——基于融资约束的差异性分析》，《中国工业经济》2011 年第 5 期。

潘镇、鲁明泓：《基于价值链之上的企业竞争力——一项对 457 家中小企业的实证研究》，《管理世界》2003 年第 3 期。

裴长洪、王镭：《试论国际竞争力的理论概念与分析方法》，《中国工业经济》2002 年第 4 期。

蒲文燕、张洪辉、肖浩：《债务保守、投资机会与中国上市公司资本投资》，《管理评论》2012 年第 4 期。

钱春海、贺旭光、欧阳令南：《交易费用、资产专用性与企业融资决策》，《上海管理科学》2002 年第 2 期。

苏冬蔚、曾海舰：《宏观经济因素与公司资本结构变动》，《经济研究》2009 年第 12 期。

邵全权：《中国产险公司市场结构、竞争模式与绩效关系研究——基于 2001—2005 年非平衡面板数据》，《数量经济技术经济研究》2008 年第 8 期。

孙进军、顾乃康：《现金持有量决策具有战略效应吗？——基于现金持有量的平均效应与区间效应的研究》，《商业经济与管理》2012 年第 3 期。

谭政勋：《我国上市公司资本结构与行业关系的实证分析》，《金融与经济》2005 年第 12 期。

田晓霞：《小企业融资理论及实证研究综述》，《经济研究》2004 年第 5 期。

童光荣、胡耀亭、肖作平：《行业特征与资本结构研究》，《经济管理》2005 年第 8 期。

童盼、陆正飞：《负债融资、负债来源与企业投资行为——来自中国上市公司的经验证据》，《经济研究》2005 年第 5 期。

童盼、陆正飞：《负债融资对企业投资行为影响研究：述评与展望》，《会计研究》2005 年第 12 期。

童勇：《资本结构的动态调整和影响因素》，《财经研究》2004 年第 10 期。

童勇：《我国上市公司资本结构部分调整的实证研究》，《产业经济研究》2006 年第 2 期。

王浩、赵俊：《资本结构动态调整模型——沪深股市的实证分析》，《经济科学》2004 年第 3 期。

王丽娟、杨玲燕：《中小企业资本结构的动态变化及其目标调整研究》,《中小企业研究》2012 年第 7 期。

王永海、范明:《资产专用性视角下的资本结构动态分析》,《中国工业经济》2004 年第 1 期。

王志强、洪艺珣:《中国上市公司资本结构的长期动态调整》,《会计研究》2009 年第 6 期。

吴勇:《中西部地区引进内资的影响因素——基于省级非平衡面板数据的实证研究》,《经济问题探索》2013 年第 1 期。

吴联生、岳衡:《税率调整和资本结构变动——基于我国取消"先征后返"所得税优惠政策的研究》,《管理世界》2006 年第 11 期。

武永红、范秀成:《基于顾客价值的企业竞争力理论的整合》,《经济科学》2005 年第 1 期。

肖作平:《资本结构影响因素和双向效应动态模型》,《经济评论》2004 年第 2 期。

肖作平:《资本结构影响因素:理论和证据》,《证券市场导报》2003 年第 6 期。

徐二明、高怀:《中国钢铁企业竞争力评价及动态演变规律分析》,《中国工业经济》2004 年第 11 期。

杨广青、丁茜:《行业特征、创新战略与资本结构——基于跨层次模型的实证研究》,《经济管理》2012 年第 6 期。

杨楠:《创业板高新技术中小企业资本结构的影响因素分析》,《暨南学报》(哲学社会科学版)2014 年第 3 期。

杨楠:《关系型融资对中小高新技术企业成长能力的影响》,《管理工程学报》2014 年第 1 期。

严鸿雁、杨宜:《资产专用性与公司资本结构的关系研究——来自北京地区制造业上市公司的经验证据》,《财会月刊》2009 年第 11 期。

袁琳、赵芳:《资产专用性与资本结构相关性——基于上市公司 A 股市场的动态检验》,《北京工商大学学报》(社会科学版)2006 年第 2 期。

杨仕辉、郭艳春:《WTO 贸易救济措施争端解决的绩效分析——基于

动态非平衡面板数据模型系统 GMM 检验》，《商业经济与管理》
2012 年第 3 期。

于蔚、金祥荣、钱彦敏：《宏观冲击、融资约束与公司资本结构动态
调整》，《世界经济》2012 年第 3 期。

张进财、左小德：《企业竞争力评价指标体系的构建》，《管理世界》
2013 年第 10 期。

张维迎：《公司融资结构的契约理论：一个综述》，《改革》1995 年
第 4 期。

张秀娥、何山、徐阳：《中小企业竞争力评价文献评述》，《经济纵
横》2009 年第 8 期。

张志强、吴建中：《企业竞争力及其评价》，《管理现代化》1999 年
第 1 期。

赵冬梅、周荣征：《企业竞争力评价指标体系的设计方法研究》，《工
业技术经济》2007 年第 9 期。

赵根宏、王新峰：《关于上市公司资本结构行业特征的实证分析》，
《金融与经济》2004 年第 8 期。

赵蒲、孙爱英：《财务保守行为：基于中国上市实证研究》，《管理世
界》2004 年第 11 期。

赵旭、凌传荣：《东部发达地区县域中小企业融资结构影响因素实证
研究》，《广东金融学院学报》2005 年第 1 期。

甄红线、梁超、史永东：《宏观冲击下企业资本结构的动态调整》，
《经济学动态》2014 年第 3 期。

周婷婷、韩忠雪：《产品市场竞争与现金持有——基于高管变更的调
节效应》，《管理科学》2010 年第 3 期。

周业安、程栩、郭杰：《高管背景特征与资本结构动态调整——国际
比较与中国经验》，《经济理论与经济管理》2012 年第 11 期。

周月书、杨军：《农村中小企业融资障碍因素分析——来自江苏吴江
和常熟的问卷调查》，《中国农村经济》2009 年第 7 期。

朱德新、朱洪亮：《中国上市公司资本结构的选择——基于两种主要
理论的检验》，《南方经济》2007 年第 9 期。

朱武祥、陈寒梅、吴迅：《产品市场竞争与财务保守行为》，《经济研究》2002 年第 8 期。

[美] 佛朗哥·莫迪里阿尼、默顿·米勒：《资本成本、公司财务和投资理论》，载卢俊编译《资本结构理论研究译文集》，上海人民出版社 2003 年版。

[美] 迈克尔·波特：《竞争优化》，孙小悦译，华夏出版社 1997年版。

[美] 迈克尔·波特：《竞争战略》，孙小悦译，华夏出版社 1997年版。

[美] 迈克尔·波特：《国家竞争优势》，孙小悦译，华夏出版社 1997 年版。

[美] 小艾尔弗雷德·钱德勒：《企业规模经济和范围经济——工业资本主义的原动力》，张逸人等译，中国社会科学出版社 1999年版。

[美] 亚当·斯密：《国民财富的性质和原因的研究》，郭大力译，商务印书馆 1972 年版。

[美] 威廉姆森：《资本主义经济制度》，段毅才、王伟译，商务印书馆 2002 年版。

Aaker, D., "Managing Assets and Skills: The Key to a Sustainable Competitive Advantage", *Caliofornia Management Review*, Vol. 31, No. 2, 1989.

Almeida, H., M. Campello, and M. Weisbach, "THE CASH Flow Sensitivity of Cash", *Journal of Finance*, Vol. 59, 2004.

Amit, R., and Sehoemaker, "Strategic Assets and Organizational Rent", *Strategic Management Journal*. Vol. 14, 1993.

Ang, J. S., "Small Business Uniqueness and the Theory of Financial Management", *Journal of Small Business Finance*, No. 1, 1991.

Antzoulatos, A., K. Koufopoulos, C. Lambrinoudakis, and E. D. Tsiritakis, "*Capital Structure Convergence*: The Role of Financial Development", 2014 (http: //papers. ssrn. com).

Arellano. M., and S. Bond, "Some Tests of Specification for Panel Data:

Monte Carlo Evidence and an Application to Employment Equations", *Review of Economic Studies*, Vol. 58, No. 2, 1991.

Aybar-Arias, C., A. Casino-Martínez, López-Gracia, Jóse, "On the Adjustment Speed of SMEs' to their Optimal Capital Structure", *Small Business Economics*, Vol. 39, No. 4, 2012.

Balakrishnan, S., and Fox, I., "Asset Specificity, Firm Heterogeneity and Capital Structure", *Strategic Management Journal*, Vol. 14, No. 1, 1993.

Bancel, F., and U. R. Mittoo, "Financial Flexibility and Impact of Global Financial Crisis: Evidence from France", 2004 (http://papers.ssrn.com).

Barbosa, E. G., and C. C. Moraes, "Determinants of the Firm's Capital Structure: the Case of the very Small Enterprises" (http://econpa.wust.edu.8089/eps/fin/papers 0302/0302001).

Barney, J. B., "Organizational Culture: Can it be a Source of Sustained Competitive Advantage?", *Academy of Management Review*, Vol. 17, 1991a.

Barney, J. B., "Firm Resources and Sustained Competitive Advantage", *Journal of Management*, Vol. 17, No. 1, 1991b.

Barney, J. B., *Gaining and Sustaining Competitive Advantage*, Upper Saddle River, NJ: Prentice Hall, 2002.

Barney, J. B., *Where does Inequality Comefrom? The Personal and Intellectual Roots of Resource-based Theory*, In Smith, K. G. and Hitt, M. A. (Eds.), Great Minds in Management: The Process of Theory Development. Oxford, UK: Oxford University Press, 2005.

Barney, J. B., and D. N. Clark, *Resource-based Theory: Creating and Sustaining Competitive Advantage*, Oxford, UK: Oxford University Press, 2007.

Barton, D. L., "Core Capability and Core Rigidities: A Paradox in Managing New Product Development", *Strategic Management Journal*, Vol. 13,

1992.

Bates, T. , *The Financing of Small Business*, London, Sweet and Maxwell, 1971.

Bates, T. , *Financial Capital Structure and Small Business Viability*, In R, Yazdipour ed. , Advances in Small Business Finance. Dordrecht: Kluwer Academic Publishers, 1991.

Baxter, C. , "Corporate Choiceamong Long-term Financing Instruments", *The Review of Economics and Statistics*, Vol. 52, 1970.

Benoit, J. , "Financially Constrained Entry in a Game with Incomplete Information", *RAND Journal of Economics*, Vol. 15, No. 4, 1984.

Berger, A. N. , and G. F. Udell, "The Economics of Small Business Finance: The Roles of Private Equity and Debt Markets in the Financial Growth Cycle", *Journal of Banking and Finance*, Vol. 22, 1998.

Berggren, B. , C. Olofsson, and L. Silver, "Control Aversion and the Search for External Financing in Swedish SMEs", *Small Business Economics*, Vol. 15, 2000.

Bhaird, C. , and B. Lucey, "Determinants of Capital Structure in Irish SMEs", *Small Business Economics*, Vol. 35, No. 3, 2010.

Bierman, H. , and J. Thomas. , "Ruin Consideration and Debt Issuance", *Journal of Finance and Quantitative*, Vol. 7, No. 1, 1972.

Blundell, R. , and S. Bond, "Initial Conditions and Moment Restrictions in Dynamic Panel Data Models", *Journal of Econometrics*, Vol. 87, No. 1, 1998.

Booth, L. , V. Aivazian, Asli Demirguc-Kunt and V. Maksimovic, "Capital Structures in Developing Countries", *The Journal of Finance*, Vol. 56, No. 1, 2001.

Bowen, R. M. , A. Lane, and C. Charles, "Evidence on the Existence a Determinants of Inter-industry Differences in Leverage", *Finance Management*, Vol. 11, 1982.

Bradley, M. , A, Jarrellg, and E. Kim, "On the Existence of Optimal

Capital Structure: Theory and Evidence", *Journal of Finance*, Vol. 39, No. 3, 1984.

Brander, J., and B. Spencer, "Tariffs and Extraction of Foreign Monopoly Rents under Potential Entry", *Canadian Journal of Economics*, Vol. 14, 1981.

Brander J., and T. Lewis, "Bankruptcy Costs and the Theory of Oligopoly", *Canadian Journal of Economics*, No. 21, 1988.

Brenna, N., and B. Connell, "Intellectual Capital: Current Issues and Policy Implications", *Journal of Intellectual Capital*, No. 1, 2000.

Byoun, S., "How and When do Firm Adjust their Capital Structures toward Targets?", *The Journal of Finance*, Vol. 63, No. 6, 2008.

Campello, M., "Capital Structure and Product Markets Interactions: Evidence from Business Cycles", *Journal of Financial Economics*, Vol. 68, No. 3, 2003.

Campello, M., "Debt Financial: Does It Boost or Hurt Firm Performance in Product Markets?", *Journal of Financial Economics*, Vol. 82, 2006.

Cardone Riportella, C., and L. Cazorla Papis, "The Internationalization Process of Spanish banks: a Tale of Two Times", *International Journal of Bank Marketing*. Vol. 19, No. 2, 2001.

Cardone Riportella, C., and L. Cazorla Papis, "How Theory Meets Practice: An Analysis of the Capital Structure of Spanish SMEs", *Journal of Entrepreneurial Finance and Business Ventures*, Vol. 11, No. 2, 2006.

Cardone Riportella, C., L. Cazorla Papis, "How Theory Meets Practice: An Analysis of the Capital Structure of Spanish SMEs", *Journal of Entrepreneurial Finance and Business Ventures*, Vol. 11, No. 2, 2006.

Cassar, G., and S. Holmes, "Capital Structure and Financing of SMEs: Australian Evidence", *Accounting and Finance*. Vol. 43, No. 2, 2003.

Chandler, A. D., "Organizational Capabilities and the Economic History of the Industrial Enterprise", *Journal of Economic Perspectives*, Vol. 6, No. 3, 1992.

Chevalier, J. A. , "Do LBO Supermarkets Charge More? An Empirical Analysis of the Effects of LBOs on Supermarket Pricing", *Journal of Finance*, Vol. 50, No. 4, 1995a.

Chevalier, J. A. , and D. Scharfstein, "Capital-Market Imperfections and Counter Cyclical Markups: Theory and Evidence", *American Economic Review*, No. 86, 1996.

Chittenden, F. , G. Hall, and P. Hutchinson, "Small firmGrowth, Access to Capital Markets and Financial Structure: Review of Issues and an Empirical Investigation", *Small Business Economics*, Vol. 8, No. 1, 1996.

Choate, G. M. , "The Governance Problem, Asset Specificity and Corporate Financing Decision", *Journal of Economic Behavior and Organization*, Vol. 33, No. 1, 1997.

Choe, H. , R. Masulis, and V. Nanda, "Common Stock Offerings across the Business Cycle: Theory and Evidence", *Journal of Empirical Finance*, No. 1, 1991.

Collis, D. J. , and C. A. Montgomery, "How do you Create and Sustain a Profitable Strategy?", *Harvard Business Review*, Vol. 73, No. 4, 1995.

Conner, K. R. , "A Historical Comparison of Resource-based Theory and Five Schools of Thought within Industrial Organization Economics: Do we Have a New Theory of the Firm?", *Journal of Management*, Vol. 17, 1991.

Conner, T. , "The Resource-based View of Strategy and its Value to Practicing Managers", *Strategic Change*, Vol. 11, 2002.

Cook, D. O. , and T. Tang, "Macroeconomic Conditions and Capital Structure Adjustment Speed", *Journal of Corporate Finance*, Vol. 16, No. 1, 2010.

Cushing, W. W. J. , and D. E. McCarty, "Asset Specificity and Corporate Governance: An Empirical Test", *Managerial Finance*, Vol. 22, No. 2, 1996.

Daskalakisa, N. , M. Psillaki, "Do Country or Firm Factors Explain Capital Structure? Evidence from SMEs in France and Greece", *Applied Financial Economics*, Vol. 18, No. 2, 2008.

Dasgupta, S. and S. Titman, "Pricing Strategy and Financial Policy", *Review of Financial Studies*, Vol. 11, No. 4, 1998.

Davidsson, P. , "Entrepreneurship and after? A Study of Growth Willingness in Small Firms", *Journal of Business Venturing*, No. 4, 1989.

DeAllgelo, H. , and R. W. Masulis, "Optimal Capital Structure under Corporate and Personal Taxation", *Journal of Financial Economies*, Vol. 8, No. 1, 1980.

DeAngelo, H. , and L. DeAngelo, *"Capital Structure, Payout Policy, and Financial Flexibility"*, Working Paper, USC, 2007.

Demirgü-Kunt, A. , and V. Maksimovic, "Stock Market Development and Financing Choices of Firms", *World Bank Economic Review*, Vol. 10, No. 2, 1996.

Demsetz, H. , and B. Villalonga, "Ownership Structure and Corporate Performance", *Journal of Corporate Finance*, Vol. 7, No. 3, 2001.

Delannay, A. , "Trade Credit and Product Market Competition: Theory and Evidence", Working Paper, Universite Robert Schuman, 2002.

Drobetz, W. , and B. Fix, "What are the Determinants of the Capital Structure? Some Evidence for Switzerland", *Swiss Journal of Economics and Statistics*, Vol. 141, 2005.

Drobetz, W. , and G. Wanzenried, "What Determines the Speed of Adjustment to the Target Capital Structure?", *Applied Financial Economics*, Vol. 16, 2006.

Drobetz, W. , P. Pensa, and G. Wanzenried, "Firm Characteristics, Economic Conditions and Capital Structure Adjustments", 2007 (http: // papers. ssrn. com).

Diamond, P. A. , "The Role of a Stock Market in a General Equilibrium Model with Technological Uncertainty", *American Economic Review*,

Vol. 57, No. 4, 1967.

Dijanam, M. , "Asset Specificity and a Firm's Borrowing Ability: An Empirical Analysis of Manufacturing Firms", *Journal of Economic Behavior and Organization*, Vol. 45, No. 1, 2001.

Dunning, J. , and A. Rugman, "The Influence of Hytner's Dissertation on Theories of PDI", *American Economic Review*, Vol. 5, 1983.

Fama, E. F. , and K. French, "Testing Tradeoff and Pecking Order Predictions about Dividends and Debt", *The Review of Financial Studies*, Vol. 15, 2006.

Fama, E. F. , and M. C. , Jensen, "Separation of Ownership and Control", *Journal of Law and Economics*, Vol. 26, 1983.

Fama, E. F. , and M. Miller, *The Theory of Finance*, Holt, Rinehart and Winston, New York, 1972.

Faulkender, M. , M. J. Flannery, K. W. Hankins, and J. M. Smith, "Transaction Costs and Capital Structure Adjustments", Working Paper, 2010 (http: //papers. ssrn. com).

Faulkender, M. , M. J. Flannery, K. W. Hankins, and J. M. Smith, "Cash Flows and Leverage Adjustments", Working Paper, 2011 (http: //papers. ssrn. com).

Ferri, M. G. , W. H. Jones, "Determinants of Financial Structure: A New Methodological Approach", *Journal of Finance*, Vol. 34, No. 3, 1979.

Fiol, C. M. , "Revisiting anIdentity-based View of Sustainable Competitive Advantage", *Journal of Management*, Vol. 27, 2001.

Fischer, E. O. , R. Heinkel, and J. Zechner, "Dynamic Capital Structure Choice: Theory and Tests", *The Journal of Finance*, Vol. 44, No. 1, 1989.

Foss, N. J. , "Knowledge-based Approaches to the Theory of the Firm: Some Critical Comments", *Organization Science*, No. 7, 1996a.

Foss, N. J. , "More Critical Comments on Knowledge-based Theories of the Firm", *Organization Science*, No. 7, 1996b.

Foss, N. J. , P. G. Klein, Y. Y. Kor, and J. T. Mahoney, "Entrepreneurship, Subjectivism, and the Resource-based View: Toward a New Synthesis", *Strategic Entrepreneurship Journal*, No. 2, 2008.

Fransisco, S. M. , "On Capital Structure in the Small and Medium Enterprises: the Spanish Case", Working Paper, 2001 ( http: //papers. ssrn. com) .

Fries, S. , M. Miller, and W. Perraudin, "Debt in Industry Equilibrium", *Review of Financial Studies*, Vol. 10, No. 1, 1997.

Gautam, G. , N. Thomas, and R. Michael, "Debt Financing under Asymmetric Information", *Journal of Finance*, Vol. 50, No. 2, 1995.

Gibbert, M. , "Generalizing about Uniqueness: An Essay on an Apparent Paradox in the Resource-based View", *Journal of Management Inquiry*, Vol. 15, 2006a.

Gibbert, M. , "Munchausen, Black Swans, and the RBV: Response to Levitas and Ndofor", *Journal of Management Inquiry*, Vol. 15, 2006b.

Glazer, J. , "The Strategic Effects of Long-Term Debt in Imperfect Competition", *Journal of Economic Theory*, Vol. 62, No. 2, 1994.

Goll, R. , N. Johnson, and A. Rasheed, "Knowledge Capability, Strategic Chance, and Firm Performance: The Moderating Role of the Environment", *Management Decision*, Vol. 45, No. 2, 2007.

Graham, J. R. , and C. R. Harvey, "The Theory and Practice of Corporate Finance: Evidence from the Field", *Journal of Financial Economics*, Vol. 60, 2001.

Graham, J. R. , C. R. Harvey, and M. Puri, "Managerial Attitudes and Corporate Actions", *Journal of Financial Economics*, Vol. 109, No. 1, 2013.

Grant, R. M. , "The Resource-based Theory of Competitive Advantage", *California Management Review*, Vol. 33, No. 3, 1991.

Greer, L. , *The Link between Capital Structure and Product-Market Competition Theory and Evidence*, Tennessee: University of Tennessee, 2002.

Gregory, B. T. , M. W. Rutherford, S. Oswald, and L. Gardiner, "An Empirical Investigation of the Growth Cycle Theory of Small Firm Financing", *Journal of Small Business Management*, Vol. 43, No. 4, 2005.

Hackbarth, D. , J. Miao, and. M. Erwan, "Capital Structure, Credit Risk, and Macroeconomic Conditions", *Journal of Financial Economics*, Vol. 82, No. 3, 2006.

Hall, G. C. , P. J. Hutchinson, and N. Michaelas, "Industry Effects on the determinants of Unquoted SMEs' Capital Structure", *International Journal of the Economics of Business*, Vol. 7, 2000.

Hall, G. C. , P. J. Hutchinson, and N. Michaelas, "Determinants of the Capital Structures of European SMEs", *Journal of Business Finance and Accounting*. Vol. 31, No. 5, 2004.

Hall, R. , "A Framework Linking Intangible Resources and Competencies to Sustainable Competitive Advantage", *Strategic Management Journal*, Vol. 14, No. 3, 1993.

Hambrick, D. C. , "High Profit Strategies in Mature Capital Goods Industries: a Contingency Approach", *Academy of Management Journal*, Vol. 26, 1983.

Han, S. , and J. Qiu, "Corporate Precautionary Cash Holdings", *Journal of Corporate Finance*, Vol. 13, 2007.

Harris, M. , and A. Raviv, "Capital Structure and the Information Role of Debt", *Journal of Finance*, Vol. 45, No. 2, 1990.

Harris, M. , and H. Frederick, "Asset Specificity, Capital Intensity and Capital Structure: An Empirical", *Test Managerial and Decision Economics*, Vol. 15, No. 6, 1994.

Heinkel, R. , "A Theory of Capital Structure Relevance under Imperfect Information", *The Journal of Finance*, Vol. 37, No. 5, 1982.

Heinkel, R. , and J. Zencher, "The Role of Debt and Preferred Stock as a Solution to Adverse Investment Incentives", *Journal of Finance and Quantitative Analysis*, Vol. 25, 1990.

Hirshleifer, D., and A. V. Thakor, "Corporate Control through Board Dismissals and Takeovers", *Journal of Economics and Management Strategy*, Vol. 7, No. 4, 1998.

Koufopoulos, K., and C. Lambrinoudakis, "Adjustment Cost Determinants and Target capital structure", 2013 (http://papers. ssrn. com).

Hovakimian, A. T., and G. Li, "In Search of Conclusive Evidence: How to Test for Adjustment to Target Capital Structure", *Journal of Corporate Finance*, Vol. 17, No. 1, 2011.

Hovakimian, A., T. Opler and S. Titman, "The Debt-Equity Choice: an Analysis of Issuing Firms", *Journal of Financial and Quantitative Analysis*, Vol. 36, 2001.

Hulburt, H. M., and F. C. Scherr, "Determinants of the Collateralization of Credit by Small Firms", *Managerial and Decision Economics*, Vol. 24, No. 6, 2003.

Hutchinson, P., *How Much Does Growth Determine SMEs' Capital Structure?* Paper Presented at the 16th Annual Conference of Small Enterprise Association of Australia and New Zealand, 2003.

Jalivang, A., and R. S. Harris, "Corporate Behavior in Adjusting to Capital Structure and Dividend Targets: An Econometric Study", *The Journal of Finance*, Vol. 39, No. 1, 1984.

Jensen, M. C. and W. Meckling, "Theory of the Firm: Managerial Behavior, Agency Costs, and Capital Structure", *Journal of Financial Economics*, No. 3, 1976.

Khanna, N., and S. Tice, "Strategic Responses of Incumbents to New Entry: The Effect of Ownership Structure, Capital Structure, and Focus", *Review of Financial Studies*, Vol. 13, No. 3, 2000.

Klein, B., R. Crawford, and A. Alchian, "Vertical Integration, Appropriable Rents, and the Competitive Contracting Process", *Journal of Law and Economics*, Vol. 21, 1978.

Korajczyk, R., and A. Levy, "Capital Structure Choice: Macroeconomic

Conditions and Financial Constraints", *Journal of Finance Economics*, Vol. 68, 2003.

Kovenock, D. , and G. M. Phillips, "Capital Structure and Product Market Behavior: An Examination of Plant Exit and Investment Decisions", *Review of Financial Studies*, Vol. 10, No. 3, 1997.

Kraus, A. , R. Litzenberger, "A State-preference Model of Optimal Financial Leverage", *The Journal of Finance*, Vol. 28, No. 4, 1973.

Lado, A. A. , N. G. Boyd, P. Wright, and M. Kroll, "Paradox and Theorizing within the Resource-based View", *Academy of Management Review*, Vol. 31, 2006.

Leary, M. , and M. R. Robert, "Do Firms Rebalance their Capital Structures?", *The Journal of Finance*, Vol. 60, No. 6, 2005.

Lemmon M. , M. Roberts, and J. Zender, "Back to the Beginning: Persistence and the Cross-section of Corporate Capital Structure", *Journal of Finance*, Vol. 63, No. 4, 2008.

Leland, H. , and D. Pyle, "Informational Asymmetries? Financial Structure, and Financial Intermediation", *The Journal of Finance*, Vol. 32, No. 2, 1977.

Levy, A. , "Why Does Capital Structure Choice Vary with Macroeconomic Conditions?", Working Paper, 2000 (http: //papers. ssrn. com) .

Lööf, H. , "Dynamic Optimal Capital Structure and Technological Change", 2003 (http: //papers. ssrn. com) .

López-Gracia, J. , C. Aybar-Arias, "An Empirical Approach to the Financial Behavior of Small and Medium Sized Companies", *Small Business Economics*, Vol. 14, No. 1, 2000.

Lyandres, E. , "Capital Structure and Interaction among Firms in Output Markets-Theory and Evidence", *The Journal of Business*, Vol. 79, No. 5, 2006.

MacKay, P. , G. M. Phillips, "How Does Industry Affect Firm Financial Structure?", *Review of Financial Studies*, Vol. 18, No. 4, 2005.

Maksimovic, V. , and J. Zechner, "Debt, Agency Costs, and Industry E-quilibrium", *Journal of Finance*, Vol. 46, No. 5, 1991.

Mahoney, J. T. , "A Resource-based Theory of Sustainable Rents", *Journal of Management*, Vol. 27, 2001.

Mateev, M. , and K. Ivanov, "How SME Uniqueness Affects Capital Structure: Evidence from Central and Eastern Europe Panel Data Quarterly", *Journal of Finance and Accounting*, Vol. 50, No. 1, 2011.

Mateev, M. , P. Poutziouris, and K. Ivanov, "On the Determinants of SME Capital Structure in Central and Eastern Europe: A Dynamic Panel Analysis", *International Business and Finance*, Vol. 27, No. 1, 2013.

Maksimovic, V. , and S. Titman, "Financial Policy and Reputation for Product Quality", *Review of Financial Studies*, Vol. 4, No. 1, 1991.

Maksimovic, V. , and J. Zechner, "Debt, Agency Costs, and Industry Equilibrium", *Journal of Finance*, Vol. 46, No. 5, 1991.

Mang, P. Y. , "Exploiting Innovation Options: An Empirical Analysis of R&D-Intensive Firms", *Journal of Economic Behavior and Organization*, Vol. 35, 1998.

Marchica, M. , and R. Mura, "The Theory and Practice of Corporate Finance: Evidence from the Field", *Journal of Financial Economics*, Vol. 60, 2001.

Marsh, P. , "The Choice between Equity and Debt: and Empirical Study", *Journal of Finance*, Vol. 37, 1982.

McAndrews, J. , and L. Nakamara, "Enter-Deterring Debt", *Journal of Money, Credit, and Banking*, Vol. 24, No. 1, 1992.

Meyer, M, H. , and J. M. Utterback, "The Product Family and the Dynamics of Core Capability", *Sloan Review*, Vol. 15, No. 1, 1993.

Miller, D. , "An Asymmetry-based View of Advantage: Towards an Attainable Sustainability", *Strategic Management Journal*, Vol. 24, 2003.

Minton, B. , and K. Wruck, *Financial Conservatism: Evidence on Capital Structure from Low Leverage Firms*, Working Paper, Ohio State University, 2001.

Modigliani, F. , and M. H. Miller, "Corporate Income Taxes and Cost of Capital: A Correction", *American Economic Review*, No. 53, 1963.

Modigliani, F. , and M. H. Miller, "The Cost of Capital, Corporate Finance, and the Theory of Investment", *American Economic Review*, No. 48, 1958.

Myers, S. C. , "The Capital Structure Puzzle", *Journal of Finance*, Vol. 39, No. 3, 1984.

Myers, S. C. , "Capital Structure", *Journal of Economic Perspectives*, Vol. 15, No. 2, 2001.

Myers, S. C. and N. S. Majluf, "Corporate Finance and Investment Decision When Firms Have Information That Investor Do Not Have", *Journal of Financial Economics*, No. 13, 1984.

Narayanan, M. P. , "Debt versus Equity under Asymmetric Information", *Journal of Finance and Quantitative Analysis*, Vol. 23, 1988.

Nguyen, T. D. K. , and N. Ramachandran, "Capital Structure in Small and Medium-sized Enterprises: The Case of Vietnam", *ASEAN Economic Bulletin*, Vol. 23, No. 2, 2006.

Opler, T. C. , L. Pinkowitz, R. Stulz, and R. Williamson, "The Determinantsand Implications of Corporate Cash Holdings", *Journal of Financial Economics*, Vol. 52, No. 1, 1999.

Opler, T. C. , and S. Titman, "Financial Distress and Corporate Performance", *Journal of Finance*, Vol. 49, No. 3, 1994.

Öztekin, Ö. and M. J. Flannery, "Institutional Determinants of Capital Structural Adjustment Speed", *Journal of Financial Economics*, Vol. 103, No. 1, 2012.

Patel, P. , and K. Pavitt, "The Technological Competencies of the World's Largest Firms: Complex and Path-Dependent, But Not Much Variety", *Research Policy*, Vol. 26, No. 2, 1997.

Phillips, G. M. , "Increased Debt and Product-Market Competition",

*Journal of Financial Economics*, No. 37, 1995.

Penrose, E. , *The Theory of the Growth of the Firm*, New York: Wiley, 1959.

Pesner, M. , *International Trade and Technical Change*, Oxford Economic Papers, 1961.

Peteraf, M. A. , "The Cornerstones of Competitive Advantage: A Resource-Based View", *Strategic Management Journal*, Vol. 14, No. 3, 1993.

Poitevin, M. , "Financial Signaling and the 'Deep-Pocket' Argument", *RAND Journal of Economics*, Vol. 20, No. 1, 1989.

Raffa, M. , and G. Zollo, "Sources of Innovational and Professionals in Small Innovative Firms", *International Journal of Technology Management*, Vol. 9, No. 1, 1994.

Remmers, L. , A. Stonehill, R. Wright, and T. Beekhuisen, "Industry and Size as Debt Ratio Determinants in Manufacturing internationally", *Financial Management*, No. 3, 1974.

Prahalad, C. K. , and G. Hamel, "The Core Competence of Corporation", *Harvard Business Review*, Vol. 68, No. 3, 1990.

Rajan, R. G. , and L. Zingales, "What do we Know about Capital Structure? Some Evidence from International Data", *Journal of Finance*, Vol. 50, No. 5, 1995.

Ross, S. , "The Determination of Financial Structure: The Incentive-Signaling Approach", *The Bell Journal of Economics*, Vol. 8, No. 1, 1977.

Rumelt, R. , D. Sehendel, and D. Teece, "Strategic Management and Economies", *Strategic Management Journal*, No. 12, 1991.

Sanchez, R. , A. Heene, "Reinventing Strategy Management: New Theory and Practice for Competence-based Competition", *European Management Journal*, Vol. 15, No. 3, 1997.

Scherr, F. C. , H. M. Hulburt, "The Debt Maturity Structure of Small Firms", *Financial Management*, Vol. 30, No. 1, 2001.

Schwartz, E. , "Theory of the Capital Structure of the Firm", *Journal of*

Finance, Vol. 14, 1959.

Schwartz, E., and J. R. Aronson, "Some Surrogate Evidence in Support of the Concept of Optimal Financial Structure", *Journal of Finance*, Vol. 22, 1967.

Scott, J. H., "A Theory of Optimal Capital Structure", *the Bell Journal of Economics*, Vol. 34, No. 6, 1976.

Scott, J. H., "Bankruptcy, Secured Debt, and Optimal Capital Structure", *The Journal of Finance*, Vol. 37, 1977.

Shleifer, A., and R. W. Vishny, "Liquidation Values and Debt Capacity: A Market Equilibrium Approach", *The Journal of Finance*, Vol. 47, No. 4, 1992.

Showalter D., "Oligopoly and Financial Structure: Comment", *American Economic Reviews*, Vol. 85, No. 3, 1995.

Stalk, G., P. Evans, and L. E. Shulman, "Competing on Capabilities: the New Rules of Corporate Strategy", *Harvard Business Review*, Vol. 70, No. 2, 1992.

Stoja, E., and J. Tucker, "Long and Short-Run Capital Structure Dynamics in the UK-an Industry Level Study", 2007 (http://papers. ssrn. com).

Stulz, R., "Managerial Discretion and Optimal Financial Policies", *Journal of Financial Economics*, Vol. 26, 1990.

Sumitra, D., R. Malabika, "Inter-industry Differences in Capital Structure: Evidence from India", *Finance India*, Vol. 21, No. 2, 2007.

Teece, D. J., and G. Risano, "A Dynamic Capabilities Strategic Management", *Strategic Management*, Vol. 18, No. 7, 1997.

Titman, S., "The Effect of Capital Structure on a Firm's Liquidation Decision", *Journal of Financial Economics*, Vol. 13, No. 1, 1984.

Titman, S., and S. Tsyplakov, "A Dynamic Model of Optimal Capital Structure", *Review of Finance*, Vol. 11, No. 3, 2007.

Titman, S., and R. Wessels, "The Determinants of Capital Structure

Choice", *Journal of Finance*, Vol. 43, No. 1, 1988.

Telser, L. G. , "Cutthroat Competition and the Long Purse", *Journal of Law and Economics*, No. 9, 1966.

Vilasuso, J. , and A. Minkler, "Agency Costs, Asset Specificity, and the Capital Structure of the Firm", *Journal of Economic Behavior and Organization*, Vol. 44, No. 1, 2001.

Wanzenried, G. , "Capital Structure Decisions and Output Market Competition under Demand Uncertainty", *International Journal of Industrial Organization*, Vol. 21, No. 2, 2003.

Warner, J. B. , "Bankruptcy Costs: Some Evidence", *The Journal of Finance*, Vol. 32, No. 2, 1977.

Wernerfelt, B. , "A Resource-based View of the Firm", *Strategic Management Journal*, Vol. 12, No. 5, 1984.

Williamson, O. , "Corporate Finance and Corporate Governance", *Journal of Finance*, Vol. 43, No. 3, 1988.

Zahra, S. , and J. G. Covin, "Contextual influences on the Corporate Entrepreneurship Performance Relationship: A Longitudinal Analysis", *Journal of Business Venturing*, Vol. 10, No. 1, 1995.

Zingales, L. , "In Search of New Foundations", *Journal of Finance*, Vol. 55, No. 4, 2000.

# 后　记

　　论文完成之前，我曾经一次次畅想着完成之后的激动和喜悦，但当提笔撰写后记之时，心中更多涌现的是留恋和不舍。在中国社会科学院研究生院农村发展研究所，这里有我最尊敬的导师和老师，在这里我度过了人生中最绚丽多姿的时光。在这里，我不仅感受到大师们睿智的思想、浩瀚的学识，也收获了来自老师和同学们最真挚的友谊。

　　博士论文交付打印之际，首先感谢我的博士生导师：韩俊研究员。能够拜读于韩老师的门下，是我今生最大的荣幸。韩老师对农村、农业、农民的深厚感情，让我体会了他肩负"农村美、农业强、农民富"的责任，感受到了他身上散发的大爱。韩老师带给我的不仅是生活上的关心、学业上的指引，而且更为我指明了未来努力的方向。韩老师为人至诚至信、平易近人、谦逊亲和，为我所敬仰和钦服，他德高望重、诲人不倦，令我终身受益。

　　感谢中国社会科学院农村发展研究所的杜志雄研究员，自读博以来，杜老师给予了我学业上无私的帮助和支持。每次跟杜老师交流，都让我受益匪浅。杜老师为人至诚至真，平易近人，他是我心中非常敬重爱戴的老师。

　　感谢中国社会科学院农村发展研究所的张斌老师，张斌老师是我们农发所所有同学的"家长"，他对待工作认真、严谨，对我们关护有加，非常感谢张斌老师几年来对我们的包容、理解和支持。

　　感谢中国中央财经领导小组办公室韩俊导师的秘书王宾，王宾秘书平时工作就比较繁忙，但每次与王宾秘书打电话他都不厌其烦，耐心听取。每次跟他聊天，他总能给我一些建设性的意见。

感谢中国社会科学院农发所的老师们，他们是：冯兴元研究员、谭秋成研究员、吴国宝研究员、李静研究员、党国英研究员、张晓山研究员、苑鹏研究员等，感谢各位老师对我学业上的帮助和支持。

感谢我的同窗好友李越、王春来、谈小燕、李金兰、郭君平、张宝辉、李维、刘一宁、杨正周、丁忠兵等给予生活和学习上的帮助和支持。感谢我的师弟王程龙在论文写作中给予我的支持和帮助。

感谢我的工作单位山东师范大学管理科学与工程学院的刘希玉院长、于晓明书记、马英红副院长、于绥生副院长、黄春霞副书记、孙文星办公室主任对我工作的支持，感谢我的同事李晓楠老师在博士论文写作中给我提供的帮助和支持。

感谢山东师范大学公共管理学院肖卫东副教授，中国农科院李越博士，山东省社科院副研究员、中国社会科学院研究生院博士生王新志在博士论文写作过程中给予我的无私帮助和支持。

感谢三位匿名评审专家提出的中肯建议，让我受益颇多。

感谢我的公婆，没有他们的理解和支持，我的学业难以顺利完成。感谢他们帮我照看孩子，感谢他们在我生病时的守候和呵护。感谢我的父母，从你们的言语中，我能读出你们对我的牵挂和爱护，感谢你们对我的理解和爱。

感谢我的丈夫和女儿，你们对我满满的爱，让我的生活天天都充满阳光的味道。你们的包容和无原则的谦让，让我的每个毛孔都能畅快地呼吸。感谢上天把你们送到我的身边，有你们，我的求学才有动力；有你们，我的生活才有意义；有你们，我才特别幸福。我爱你们。

梁春梅

2015 年 5 月